PREFACIO

La colección de guías de conversación para viajar "Todo irá bien" publicada por T&P Books está diseñada para personas que viajan al extranjero para turismo y negocios. Las guías contienen lo más importante - los elementos esenciales para una comunicación básica.Éste es un conjunto de frases imprescindibles para "sobrevivir" mientras está en el extranjero.

Esta guía de conversación le ayudará en la mayoría de los casos donde usted necesite pedir algo, conseguir direcciones, saber cuánto cuesta algo, etc. Puede también resolver situaciones difíciles de la comunicación donde los gestos no pueden ayudar.

Este libro contiene una gran cantidad de frases que han sido agrupadas según los temas más relevantes. Esta edición también incluye un pequeño vocabulario que contiene alrededor de 3.000 de las palabras más frecuentemente usadas.Otra sección de la guía proporciona un glosario gastronómico que le puede ayudar a pedir los alimentos en un restaurante o a comprar comestibles en la tienda.

Llévese la guía de conversación "Todo irá bien" en el camino y tendrá una insustituible compañera de viaje que le ayudará a salir de cualquier situación y le enseñará a no temer hablar con extranjeros.

TABLA DE CONTENIDOS

T&P Books Publishing

T&P Books Publishing

GUÍA DE CONVERSACIÓN

— TURCO —

Andrey Taranov

LAS PALABRAS Y LAS FRASES MÁS ÚTILES

Esta Guía de Conversación
contiene las frases y las
preguntas más comunes
necesitadas para una
comunicación básica
con extranjeros

T&P BOOKS

Guía de conversación + diccionario de 3000 palabras

Guía de conversación Español-Turco y vocabulario temático de 3000 palabras

por Andrey Taranov

La colección de guías de conversación para viajar "Todo irá bien" publicada por T&P Books está diseñada para personas que viajan al extranjero para turismo y negocios. Las guías contienen lo más importante - los elementos esenciales para una comunicación básica. Éste es un conjunto de frases imprescindibles para "sobrevivir" mientras está en el extranjero.

Este libro también incluye un pequeño vocabulario temático que contiene alrededor de 3.000 de las palabras más frecuentemente usadas. Otra sección de la guía proporciona un glosario gastronómico que le puede ayudar a pedir los alimentos en un restaurante o a comprar comestibles en la tienda.

T&P Books Publishing
www.tpbooks.com

ISBN: 978-1-78492-665-6

Este libro está disponible en formato electrónico o de E-Book también.
Visite www.tpbooks.com o las librerías electrónicas más destacadas en la Red.

PRONUNCIACIÓN

T&P alfabeto fonético	Ejemplo turco	Ejemplo español

Las vocales

[a]	akşam [akʃam]	radio
[e]	kemer [kemer]	princesa
[i]	bitki [bitki]	ilegal
[ı]	fırıncı [fırındʒı]	abismo
[o]	foto [foto]	bordado
[u]	kurşun [kurʃun]	mundo
[ø]	römorkör [rømorkør]	alemán - Hölle
[y]	cümle [dʒymle]	pluma

Las consonantes

[b]	baba [baba]	en barco
[d]	ahududu [ahududu]	desierto
[dʒ]	acil [adʒil]	jazz
[f]	felsefe [felsefe]	golf
[g]	guguk [guguk]	jugada
[ʒ]	Japon [ʒapon]	adyacente
[j]	kayak [kajak]	asiento
[h]	merhaba [merhaba]	registro
[k]	okumak [okumak]	charco
[l]	sağlıklı [saalıklı]	lira
[m]	mermer [mermer]	nombre
[n]	nadiren [nadiren]	número
[p]	papaz [papaz]	precio
[r]	rehber [rehber]	era, alfombra
[s]	saksağan [saksaan]	salva
[ʃ]	şalgam [ʃalgam]	shopping
[t]	takvim [takvim]	torre
[tʃ]	çelik [tʃelik]	mapache
[v]	Varşova [varʃova]	travieso
[z]	kuzey [kuzej]	desde

5

LISTA DE ABREVIATURAS

Abreviatura en español

adj	-	adjetivo
adv	-	adverbio
anim.	-	animado
conj	-	conjunción
etc.	-	etcétera
f	-	sustantivo femenino
f pl	-	femenino plural
fam.	-	uso familiar
fem.	-	femenino
form.	-	uso formal
inanim.	-	inanimado
innum.	-	innumerable
m	-	sustantivo masculino
m pl	-	masculino plural
m, f	-	masculino, femenino
masc.	-	masculino
mat	-	matemáticas
mil.	-	militar
num.	-	numerable
p.ej.	-	por ejemplo
pl	-	plural
pron	-	pronombre
sg	-	singular
v aux	-	verbo auxiliar
vi	-	verbo intransitivo
vi, vt	-	verbo intransitivo, verbo transitivo
vr	-	verbo reflexivo
vt	-	verbo transitivo

T&P BOOKS

GUÍA DE
CONVERSACIÓN
TURCO

Esta sección contiene frases
importantes que pueden
resultar útiles en varias
situaciones de la vida real.
La Guía le ayudará a pedir
direcciones, aclaración
sobre precio, comprar billetes,
y pedir alimentos en un
restaurante

T&P Books Publishing

CONTENIDO DE LA GUÍA DE CONVERSACIÓN

T&P Books Publishing

Lo más imprescindible

Perdone, …	**Affedersiniz, …** [affedersiniz, …]
Hola.	**Merhaba.** [merhaba]
Gracias.	**Teşekkürler.** [teʃekkyrler]

Sí.	**Evet.** [evet]
No.	**Hayır.** [hajır]
No lo sé.	**Bilmiyorum.** [bilmijorum]
¿Dónde? | ¿A dónde? | ¿Cuándo?	**Nerede? | Nereye? | Ne zaman?** [nerede? | nereje? | ne zaman?]

Necesito …	**Bana … lazım.** [bana … lazım]
Quiero …	**… istiyorum.** [… istijorum]
¿Tiene …?	**Sizde … var mı?** [sizde … var mı?]
¿Hay … por aquí?	**Burada … var mı?** [burada … var mı?]
¿Puedo …?	**… yapabilir miyim?** [… japabilir mijim?]
…, por favor? (petición educada)	**…, lütfen** […, lytfen]

Busco …	**Ben … arıyorum.** [ben … arıjorum]
el servicio	**tuvaleti** [tuvaleti]
un cajero automático	**bankamatik** [bankamatik]
una farmacia	**eczane** [edʒzane]
el hospital	**hastane** [hastane]

la comisaría	**karakolu** [karakolu]
el metro	**metroyu** [metroju]

un taxi	**taksi** [taksi]
la estación de tren	**tren istasyonunu** [tren istasjonunu]

Me llamo …	**Benim adım …** [benim adım …]
¿Cómo se llama?	**Adınız nedir?** [adınız nedir?]
¿Puede ayudarme, por favor?	**Bana yardım edebilir misiniz, lütfen?** [bana jardım edebilir misiniz, lytfen?]
Tengo un problema.	**Bir sorunum var.** [bir sorunum var]
Me encuentro mal.	**Kendimi iyi hissetmiyorum.** [kendimi iji hissetmijorum]
¡Llame a una ambulancia!	**Ambulans çağırın!** [ambulans ʧaırın!]
¿Puedo llamar, por favor?	**Telefonunuzdan bir arama yapabilir miyim?** [telefonunuzdan bir arama japabilir mijim?]

Lo siento.	**Üzgünüm.** [yzgynym]
De nada.	**Rica ederim.** [ridʒa ederim]

Yo	**Ben, bana** [ben, bana]
tú	**sen** [sen]
él	**o** [o]
ella	**o** [o]
ellos	**onlar** [onlar]
ellas	**onlar** [onlar]
nosotros /nosotras/	**biz** [biz]
ustedes, vosotros	**siz** [siz]
usted	**siz** [siz]

ENTRADA	**GİRİŞ** [giriʃ]
SALIDA	**ÇIKIŞ** [ʧikiʃ]
FUERA DE SERVICIO	**HİZMET DIŞI** [hizmet dıʃı]

CERRADO

KAPALI
[kapali]

ABIERTO

AÇIK
[atʃık]

PARA SEÑORAS

KADINLAR İÇİN
[kadinlar itʃin]

PARA CABALLEROS

ERKEKLER İÇİN
[erkekler itʃin]

Preguntas

¿Dónde?	**Nerede?** [nerede?]
¿A dónde?	**Nereye?** [nereje?]
¿De dónde?	**Nereden?** [nereden?]
¿Por qué?	**Neden?** [neden?]
¿Con que razón?	**Niçin?** [niʧin?]
¿Cuándo?	**Ne zaman?** [ne zaman?]

¿Cuánto tiempo?	**Ne kadar sürdü?** [ne kadar syrdy?]
¿A qué hora?	**Ne zaman?** [ne zaman?]
¿Cuánto?	**Ne kadar?** [ne kadar?]
¿Tiene ...?	**Sizde ... var mı?** [sizde ... var mɪ?]
¿Dónde está ...?	**... nerede?** [... nerede?]

¿Qué hora es?	**Saat kaç?** [saat kaʧ?]
¿Puedo llamar, por favor?	**Telefonunuzdan bir arama yapabilir miyim?** [telefonunuzdan bir arama japabilir mijim?]

¿Quién es?	**Kim o?** [kim o?]
¿Se puede fumar aquí?	**Burada sigara içebilir miyim?** [burada sigara iʧebilir mijim?]
¿Puedo ...?	**... yapabilir miyim?** [... japabilir mijim?]

Necesidades

Quisiera ...	**... istiyorum.** [... istijorum]
No quiero ...	**... istemiyorum.** [... istemijorum]
Tengo sed.	**Susadım.** [susadım]
Tengo sueño.	**Uyumak istiyorum.** [ujumak istijorum]

Quiero ...	**... istiyorum.** [... istijorum]
lavarme	**Elimi yüzümü yıkamak** [elimi juzymy jıkamak]
cepillarme los dientes	**Dişlerimi fırçalamak** [diʃlerimi fırtʃalamak]
descansar un momento	**Biraz dinlenmek** [biraz dinlenmek]
cambiarme de ropa	**Üstümü değiştirmek** [ystymy deiʃtirmek]

volver al hotel	**Otele geri dönmek** [otele geri dønmek]
comprar ...	**... satın almak** [... satın almak]
ir a ...	**... gitmek** [... gitmek]
visitar ...	**... ziyaret etmek** [... zijaret etmek]
quedar con ...	**... ile buluşmak** [... ile buluʃmak]
hacer una llamada	**Bir arama yapmak** [bir arama japmak]

Estoy cansado /cansada/.	**Yorgunum.** [jorgunum]
Estamos cansados /cansadas/.	**Yorgunuz.** [jorgunuz]
Tengo frío.	**Üşüdüm.** [yʃydym]
Tengo calor.	**Sıcakladım.** [sıdʒakladım]
Estoy bien.	**İyiyim.** [ijijim]

Tengo que hacer una llamada.

Necesito ir al servicio.

Me tengo que ir.

Me tengo que ir ahora.

Telefon etmem lazım.
[telefon etmem lazım]

Lavaboya gitmem lazım.
[lavaboja gitmem lazım]

Gitmem gerek.
[gitmem gerek]

Artık gitmem gerek.
[artık gitmem gerek]

Preguntar por direcciones

Perdone, …	**Affedersiniz, …** [affedersiniz, …]
¿Dónde está …?	**… nerede?** [… nerede?]
¿Por dónde está …?	**… ne tarafta?** [… ne tarafta?]
¿Puede ayudarme, por favor?	**Bana yardımcı olabilir misiniz, lütfen?** [bana jardımʤı olabilir misiniz, lytfen?]

Busco …	**… arıyorum.** [… arıjorum]
Busco la salida.	**Çıkışı arıyorum.** [ʧıkıʃı arıjorum]
Voy a …	**… gidiyorum.** [… gidijorum]
¿Voy bien por aquí para …?	**… gitmek için doğru yolda mıyım?** [… gitmek iʧin dooru jolda mıjım?]

¿Está lejos?	**Uzak mıdır?** [uzak mıdır?]
¿Puedo llegar a pie?	**Oraya yürüyerek gidebilir miyim?** [oraja juryjerek gidebilir mijim?]
¿Puede mostrarme en el mapa?	**Yerini haritada gösterebilir misiniz?** [jerini haritada gøsterebilir misiniz?]
Por favor muestreme dónde estamos.	**Şu an nerede olduğumuzu gösterir misiniz?** [ʃu an nerede olduumuzu gøsterir misiniz?]

Aquí	**Burada** [burada]
Allí	**Orada** [orada]
Por aquí	**Bu taraftan** [bu taraftan]

Gire a la derecha.	**Sağa dönün.** [saa dønyn]
Gire a la izquierda.	**Sola dönün.** [sola dønyn]
la primera (segunda, tercera) calle	**ilk (ikinci, üçüncü) çıkış** [ilk (ikinʤi, yʧynʤy) ʧıkıʃ]
a la derecha	**sağa** [saa]

a la izquierda	**sola** [sola]
Siga recto.	**Dümdüz gidin.** [dymdyz gidin]

Carteles

¡BIENVENIDO!	**HOŞ GELDİNİZ!** [hoʃ geldiniz!]
ENTRADA	**GİRİŞ** [giriʃ]
SALIDA	**ÇIKIŞ** [tʃɯkɯʃ]
EMPUJAR	**İTİNİZ** [itiniz]
TIRAR	**ÇEKİNİZ** [tʃekiniz]
ABIERTO	**AÇIK** [atʃɯk]
CERRADO	**KAPALI** [kapali]
PARA SEÑORAS	**BAYAN** [bajan]
PARA CABALLEROS	**BAY** [baj]
CABALLEROS	**BAY** [baj]
SEÑORAS	**BAYAN** [bajan]
REBAJAS	**İNDİRİM** [indirim]
VENTA	**İNDİRİM** [indirim]
GRATIS	**BEDAVA** [bedava]
¡NUEVO!	**YENİ!** [jeni!]
ATENCIÓN	**DİKKAT!** [dikkat!]
COMPLETO	**BOŞ YER YOK** [boʃ jer jok]
RESERVADO	**REZERVE** [rezerve]
ADMINISTRACIÓN	**MÜDÜRİYET** [mydyrijet]
SÓLO PERSONAL AUTORIZADO	**PERSONEL HARİCİ GİRİLMEZ** [personel haridʒi girilmez]

CUIDADO CON EL PERRO	**DİKKAT KÖPEK VAR!** [dikkat køpek var!]
NO FUMAR	**SİGARA İÇMEK YASAKTIR!** [sigara itʃmek jasaktir!]
NO TOCAR	**DOKUNMAYINIZ!** [dokunmajiniz!]

PELIGROSO	**TEHLİKELİ** [tehlikeli]
PELIGRO	**TEHLİKE** [tehlike]
ALTA TENSIÓN	**YÜKSEK GERİLİM** [juksek gerilim]
PROHIBIDO BAÑARSE	**YÜZMEK YASAKTIR!** [juzmek jasaktir!]

FUERA DE SERVICIO	**HİZMET DIŞI** [hizmet dıʃi]
INFLAMABLE	**YANICI** [janidʒi]
PROHIBIDO	**YASAK** [jasak]
PROHIBIDO EL PASO	**GİRİLMEZ!** [girilmez!]
RECIÉN PINTADO	**YENİ BOYANMIŞ ALAN** [jeni bojanmiʃ alan]

CERRADO POR RENOVACIÓN	**TADİLAT SEBEBİYLE KAPALIDIR** [tadilat sebebijle kapalidir]
EN OBRAS	**İLERİDE YOL ÇALIŞMASI VAR** [ileride jol tʃaliʃmasi var]
DESVÍO	**TALİ YOL** [tali jol]

Transporte. Frases generales

el avión	**uçak**
	[utʃak]
el tren	**tren**
	[tren]
el bus	**otobüs**
	[otobys]
el ferry	**feribot**
	[feribot]
el taxi	**taksi**
	[taksi]
el coche	**araba**
	[araba]

el horario	**tarife**
	[tarife]
¿Dónde puedo ver el horario?	**Tarifeyi nereden görebilirim?**
	[tarifeji nereden gørebilirim?]
días laborables	**haftaiçi**
	[hafta itʃi]
fines de semana	**haftasonu**
	[hafta sonu]
días festivos	**tatil günleri**
	[tatil gynleri]

SALIDA	**KALKIŞ**
	[kalkiʃ]
LLEGADA	**VARIŞ**
	[variʃ]
RETRASADO	**RÖTARLI**
	[røtarli]
CANCELADO	**İPTAL**
	[iptal]

siguiente (tren, etc.)	**bir sonraki**
	[bir sonraki]
primero	**ilk**
	[ilk]
último	**son**
	[son]

¿Cuándo pasa el siguiente …?	**Bir sonraki … ne zaman?**
	[bir sonraki … ne zaman?]
¿Cuándo pasa el primer …?	**İlk … ne zaman?**
	[ilk … ne zaman?]

¿Cuándo pasa el último …?	**Son … ne zaman?** [son … ne zaman?]
el trasbordo (cambio de trenes, etc.)	**aktarma** [aktarma]
hacer un trasbordo	**aktarma yapmak** [aktarma japmak]
¿Tengo que hacer un trasbordo?	**Aktarma yapmam gerekiyor mu?** [aktarma japmam gerekijor mu?]

Comprar billetes

¿Dónde puedo comprar un billete?	**Nereden bilet alabilirim?**
	[nereden bilet alabilirim?]
el billete	**bilet**
	[bilet]
comprar un billete	**bilet almak**
	[bilet almak]
precio del billete	**bilet fiyatı**
	[bilet fijatı]

¿Para dónde?	**Nereye?**
	[nereje?]
¿A qué estación?	**Hangi istasyona?**
	[hangi istasjona?]
Necesito …	**Bana … lazım.**
	[bana … lazım]
un billete	**bir bilet**
	[bir bilet]
dos billetes	**iki bilet**
	[iki bilet]
tres billetes	**üç bilet**
	[yʧ bilet]

sólo ida	**tek yön**
	[tek jøn]
ida y vuelta	**gidiş-dönüş**
	[gidiʃ-dønyʃ]
en primera (primera clase)	**birinci sınıf**
	[birinʤi sınıf]
en segunda (segunda clase)	**ikinci sınıf**
	[ikinʤi sınıf]

hoy	**bugün**
	[bugyn]
mañana	**yarın**
	[jarın]
pasado mañana	**yarından sonraki gün**
	[jarından sonraki gyn]
por la mañana	**sabah**
	[sabah]
por la tarde	**öğleden sonra**
	[øːleden sonra]
por la noche	**akşam**
	[akʃam]

asiento de pasillo

koridor tarafı koltuk
[koridor tarafı koltuk]

asiento de ventanilla

pencere kenarı koltuk
[pendʒere kenarı koltuk]

¿Cuánto cuesta?

Ne kadar?
[ne kadar?]

¿Puedo pagar con tarjeta?

Kredi kartıyla ödeyebilir miyim?
[kredi kartıjla ødejebilir mijim?]

Autobús

el autobús	**otobüs** [otobys]
el autobús interurbano	**şehirler arası otobüs** [ʃehirler arası otobys]
la parada de autobús	**otobüs durağı** [otobys duraı]
¿Dónde está la parada de autobuses más cercana?	**En yakın otobüs durağı nerede?** [en jakın otobys duraı nerede?]
número	**numara** [numara]
¿Qué autobús tengo que tomar para ...?	**... gitmek için hangi otobüse binmem lazım?** [... gitmek itʃin hangi otobyse binmem lazım?]
¿Este autobús va a ...?	**Bu otobüs ... gider mi?** [bu otobys ... gider mi?]
¿Cada cuanto pasa el autobús?	**Ne sıklıkta otobüs var?** [ne sıklıkta otobys var?]
cada 15 minutos	**on beş dakikada bir** [on beʃ dakikada bir]
cada media hora	**her yarım saatte bir** [her jarım saatte bir]
cada hora	**saat başı** [saat baʃı]
varias veces al día	**günde birçok sefer** [gynde birtʃok sefer]
... veces al día	**günde ... kere** [gynde ... kere]
el horario	**tarife** [tarife]
¿Dónde puedo ver el horario?	**Tarifeyi nereden görebilirim?** [tarifeji nereden gørebilirim?]
¿Cuándo pasa el siguiente autobús?	**Bir sonraki otobüs ne zaman?** [bir sonraki otobys ne zaman?]
¿Cuándo pasa el primer autobús?	**İlk otobüs ne zaman?** [ilk otobys ne zaman?]
¿Cuándo pasa el último autobús?	**Son otobüs ne zaman?** [son otobys ne zaman?]
la parada	**durak** [durak]

la siguiente parada

sonraki durak
[sonraki durak]

la última parada

son durak
[son durak]

Pare aquí, por favor.

Burada durun lütfen.
[burada durun, lytfen]

Perdone, esta es mi parada.

Affedersiniz, bu durakta ineceğim.
[affedersiniz, bu durakta inedʒeim]

Tren

el tren	**tren** [tren]
el tren de cercanías	**banliyö treni** [banlijø treni]
el tren de larga distancia	**uzun mesafe treni** [uzun mesafe treni]
la estación de tren	**tren istasyonu** [tren istasjonu]
Perdone, ¿dónde está la salida al anden?	**Affedersiniz, perona nasıl gidebilirim?** [affedersiniz, perona nasıl gidebilirim?]
¿Este tren va a …?	**Bu tren … gider mi?** [bu tren … gider mi?]
el siguiente tren	**bir sonraki tren** [bir sonraki tren]
¿Cuándo pasa el siguiente tren?	**Bir sonraki tren ne zaman?** [bir sonraki tren ne zaman?]
¿Dónde puedo ver el horario?	**Tarifeyi nereden görebilirim?** [tarifeji nereden gørebilirim?]
¿De qué andén?	**Hangi perondan?** [hangi perondan?]
¿Cuándo llega el tren a …?	**Tren … ne zaman varır?** [tren … ne zaman varır?]
Ayudeme, por favor.	**Lütfen bana yardımcı olur musunuz?** [lytfen bana jardımdʒı olur musunuz?]
Busco mi asiento.	**Yerimi arıyorum.** [jerimi arıjorum]
Buscamos nuestros asientos.	**Yerlerimizi arıyoruz.** [jerlerimizi arıjoruz]
Mi asiento está ocupado.	**Yerimde başkası oturuyor.** [jerimde baʃkası oturujor]
Nuestros asientos están ocupados.	**Yerlerimizde başkaları oturuyor.** [jerlerimizde baʃkaları oturujor]
Perdone, pero ese es mi asiento.	**Affedersiniz, bu benim koltuğum.** [affedersiniz, bu benim koltuum]
¿Está libre?	**Bu koltuk boş mu?** [bu koltuk boʃ mu?]
¿Puedo sentarme aquí?	**Buraya oturabilir miyim?** [buraja oturabilir mijim?]

En el tren. Diálogo (Sin billete)

Su billete, por favor.

Bilet, lütfen.
[bilet, lytfen]

No tengo billete.

Biletim yok.
[biletim jok]

He perdido mi billete.

Biletimi kaybettim.
[biletimi kajbettim]

He olvidado mi billete en casa.

Biletimi evde unuttum.
[biletimi evde unuttum]

Le puedo vender un billete.

Biletinizi benden alabilirsiniz.
[biletinizi benden alabilirsiniz]

También deberá pagar una multa.

Ceza da ödemek zorundasınız.
[dʒeza da ødemek zorundasınız]

Vale.

Tamam.
[tamam]

¿A dónde va usted?

Nereye gidiyorsunuz?
[nereje gidijorsunuz?]

Voy a …

… gidiyorum.
[… gidijorum]

¿Cuánto es? No lo entiendo.

Ne kadar? Anlamıyorum.
[ne kadar? anlamıjorum]

Escríbalo, por favor.

Yazar mısınız, lütfen?
[jazar mısınız, lytfen?]

Vale. ¿Puedo pagar con tarjeta?

Tamam. Kredi kartıyla ödeyebilir miyim?
[tamam. kredi kartıjla ødejebilir mijim?]

Sí, puede.

Evet, olur.
[evet, olur]

Aquí está su recibo.

Buyrun, makbuzunuz.
[bujrun, makbuzunuz]

Disculpe por la multa.

Ceza için üzgünüm.
[dʒeza itʃin yzgynym]

No pasa nada. Fue culpa mía.

Önemli değil. Benim hatamdı.
[ønemli deil. benim hatamdı]

Disfrute su viaje.

İyi yolculuklar.
[iji joldʒuluklar]

Taxi

taxi	**taksi** [taksi]
taxista	**taksi şoförü** [taksi ʃoføry]
coger un taxi	**taksiye binmek** [taksije binmek]
parada de taxis	**taksi durağı** [taksi duraɪ]
¿Dónde puedo coger un taxi?	**Nereden taksiye binebilirim?** [nereden taksije binebilirim?]
llamar a un taxi	**taksi çağırmak** [taksi ʧaɪrmak]
Necesito un taxi.	**Bana bir taksi lazım.** [bana bir taksi lazɪm]
Ahora mismo.	**Hemen şimdi.** [hemen ʃimdi]
¿Cuál es su dirección?	**Adresiniz nedir?** [adresiniz nedir?]
Mi dirección es ...	**Adresim ...** [adresim ...]
¿Cuál es el destino?	**Nereye gideceksiniz?** [nereje gideʤeksiniz?]

Perdone, ...	**Affedersiniz, ...** [affedersiniz, ...]
¿Está libre?	**Müsait misiniz?** [mysait misiniz?]
¿Cuánto cuesta ir a ...?	**... gitmek ne kadar tutar?** [... gitmek ne kadar tutar?]
¿Sabe usted dónde está?	**Nerede olduğunu biliyor musunuz?** [nerede olduunu bilijor musunuz?]

Al aeropuerto, por favor.	**Havalimanı, lütfen.** [havalimanı, lytfen]
Pare aquí, por favor.	**Burada durun, lütfen.** [burada durun, lytfen]
No es aquí.	**Burası değil.** [burası deil]
La dirección no es correcta.	**Bu adres yanlış.** [bu adres janlıʃ]
Gire a la izquierda.	**Sola dönün.** [sola dønyn]
Gire a la derecha.	**Sağa dönün.** [saa dønyn]

¿Cuánto le debo?	**Borcum ne kadar?** [bordʒum ne kadar?]
¿Me da un recibo, por favor?	**Fiş alabilir miyim, lütfen?** [fiʃ alabilir mijim, lytfen?]
Quédese con el cambio.	**Üstü kalsın.** [ysty kalsın]

Espéreme, por favor.	**Beni bekleyebilir misiniz, lütfen?** [beni beklejebilir misiniz, lytfen?]
cinco minutos	**beş dakika** [beʃ dakika]
diez minutos	**on dakika** [on dakika]
quince minutos	**on beş dakika** [on beʃ dakika]
veinte minutos	**yirmi dakika** [jirmi dakika]
media hora	**yarım saat** [jarım saat]

Hotel

Hola.	**Merhaba.** [merhaba]
Me llamo …	**Adım …** [adım …]
Tengo una reserva.	**Rezervasyonum var.** [rezervasjonum var]
Necesito …	**Bana … lazım.** [bana … lazım]
una habitación individual	**tek kişilik bir oda** [tek kiʃilik bir oda]
una habitación doble	**çift kişilik bir oda** [tʃift kiʃilik bir oda]
¿Cuánto cuesta?	**Ne kadar tuttu?** [ne kadar tuttu?]
Es un poco caro.	**Bu biraz pahalı.** [bu biraz pahalı]
¿Tiene alguna más?	**Elinizde başka seçenek var mı?** [elinizde baʃka setʃenek var mı?]
Me quedo.	**Bunu alıyorum.** [bunu alıjorum]
Pagaré en efectivo.	**Peşin ödeyeceğim.** [peʃin ødejedʒeim]
Tengo un problema.	**Bir sorunum var.** [bir sorunum var]
Mi … no funciona.	**… bozuk.** [… bozuk]
Mi … está fuera de servicio.	**… çalışmıyor.** [… tʃalıʃmıjor]
televisión	**Televizyon** [televizjon]
aire acondicionado	**Klima** [klima]
grifo	**Musluk** [musluk]
ducha	**Duş** [duʃ]
lavabo	**Lavabo** [lavabo]
caja fuerte	**Kasa** [kasa]

cerradura	**Kapı kilidi** [kapı kilidi]
enchufe	**Priz** [priz]
secador de pelo	**Saç kurutma makinesi** [saʧ kurutma makinesi]

No tengo ...	**... yok** [... jok]
agua	**Su** [su]
luz	**Işık** [iʃık]
electricidad	**Elektrik** [elektrik]

¿Me puede dar ...?	**Bana ... verebilir misiniz?** [bana ... verebilir misiniz?]
una toalla	**bir havlu** [bir havlu]
una sábana	**bir battaniye** [bir battanije]
unas chanclas	**bir terlik** [bir terlik]
un albornoz	**bir bornoz** [bir bornoz]
un champú	**biraz şampuan** [biraz ʃampuan]
jabón	**biraz sabun** [biraz sabun]

Quisiera cambiar de habitación.	**Odamı değiştirmek istiyorum.** [odamı deiʃtirmek istijorum]
No puedo encontrar mi llave.	**Anahtarımı bulamıyorum.** [anahtarımı bulamıjorum]
Por favor abra mi habitación.	**Odamı açabilir misiniz, lütfen?** [odamı aʧabilir misiniz, lytfen?]
¿Quién es?	**Kim o?** [kim o?]
¡Entre!	**Girin!** [girin!]
¡Un momento!	**Bir dakika!** [bir dakika!]
Ahora no, por favor.	**Lütfen şimdi değil.** [lytfen ʃimdi deil]

Venga a mi habitación, por favor.	**Odama gelin, lütfen.** [odama gelin, lytfen]
Quisiera hacer un pedido.	**Odama yemek siparişi vermek istiyorum.** [odama jemek spariʃi vermek istijorum]

Mi número de habitación es …	**Oda numaram …** [oda numaram …]
Me voy …	**… gidiyorum.** [… gidijorum]
Nos vamos …	**… gidiyoruz.** [… gidijoruz]
Ahora mismo	**şimdi** [ʃimdi]
esta tarde	**öğleden sonra** [ø:leden sonra]
esta noche	**bu akşam** [bu akʃam]
mañana	**yarın** [jarın]
mañana por la mañana	**yarın sabah** [jarın sabah]
mañana por la noche	**yarın akşam** [jarın akʃam]
pasado mañana	**yarından sonraki gün** [jarından sonraki gyn]

Quisiera pagar la cuenta.	**Ödeme yapmak istiyorum.** [ødeme japmak istijorum]
Todo ha estado estupendo.	**Herşey harikaydı.** [herʃej harikajdı]
¿Dónde puedo coger un taxi?	**Nereden taksiye binebilirim?** [nereden taksije binebilirim?]
¿Puede llamarme un taxi, por favor?	**Bana bir taksi çağırır mısınız, lütfen?** [bana bir taksi tʃaaırır mısınız, lytfen?]

Restaurante

¿Puedo ver el menú, por favor?	**Menüye bakabilir miyim, lütfen?** [menyje bakabilir mijim, lytfen?]
Mesa para uno.	**Bir kişilik masa.** [bir kiʃilik masa]
Somos dos (tres, cuatro).	**İki (üç, dört) kişiyiz.** [iki (ytʃ, dørt) kiʃijiz]

Para fumadores	**Sigara içilen bölüm** [sigara itʃilen bølym]
Para no fumadores	**Sigara içilmeyen bölüm** [sigara itʃilmejen bølym]
¡Por favor! (llamar al camarero)	**Affedersiniz!** [affedersiniz!]
la carta	**menü** [meny]
la carta de vinos	**şarap listesi** [ʃarap listesi]
La carta, por favor.	**Menü, lütfen.** [meny, lytfen]
¿Está listo para pedir?	**Sipariş vermeye hazır mısınız?** [sipariʃ vermeje hazır mısınız?]
¿Qué quieren pedir?	**Ne alırsınız?** [ne alırsınız?]
Yo quiero …	**… alacağım.** [… aladʒaım]

Soy vegetariano.	**Ben vejetaryenim.** [ben veʒetarjenim]
carne	**et** [et]
pescado	**balık** [balık]
verduras	**sebze** [sebze]
¿Tiene platos para vegetarianos?	**Vejetaryen yemekleriniz var mı?** [veʒetarjen jemekleriniz var mı?]
No como cerdo.	**Domuz eti yemem.** [domuz eti jemem]
Él /Ella/ no come carne.	**O et yemez.** [o et jemez]
Soy alérgico a …	**… alerjim var.** [… alerʒim var]

¿Me puede traer …, por favor?	**Bana … getirir misiniz, lütfen?** [bana … getirir misiniz, lytfen?]
sal | pimienta | azúcar	**tuz | biber | şeker** [tuz | biber | ʃeker]
café | té | postre	**kahve | çay | tatlı** [kahve | tʃaj | tatlı]
agua | con gas | sin gas	**su | maden | içme** [su | maden | itʃme]
una cuchara | un tenedor | un cuchillo	**kaşık | çatal | bıçak** [kaʃık | tʃatal | bıtʃak]
un plato | una servilleta	**tabak | peçete** [tabak | petʃete]

¡Buen provecho!	**Afiyet olsun!** [afijet olsun!]
Uno más, por favor.	**Bir tane daha, lütfen.** [bir tane daha, lytfen]
Estaba delicioso.	**Çok lezzetliydi.** [tʃok lezzetlijdi]

la cuenta | el cambio | la propina	**hesap | para üstü | bahşiş** [hesap | para ysty | bahʃiʃ]
La cuenta, por favor.	**Hesap, lütfen.** [hesap, lytfen]
¿Puedo pagar con tarjeta?	**Kredi kartıyla ödeyebilir miyim?** [kredi kartıjla ødejebilir mijim?]
Perdone, aquí hay un error.	**Affedersiniz, burada bir yanlışlık var.** [affedersiniz, burada bir janlıʃlık var]

De Compras

¿Puedo ayudarle?	**Yardımcı olabilir miyim?** [jardɯmdʒɯ olabilir mijim?]
¿Tiene ...?	**Sizde ... var mı?** [sizde ... var mɯ?]
Busco ...	**... arıyorum.** [... arɯjorum]
Necesito ...	**Bana ... lazım.** [bana ... lazɯm]
Sólo estoy mirando.	**Sadece bakıyorum.** [sadedʒe bakɯjorum]
Sólo estamos mirando.	**Sadece bakıyoruz.** [sadedʒe bakɯjoruz]
Volveré más tarde.	**Daha sonra tekrar geleceğim.** [daha sonra tekrar geledʒeim]
Volveremos más tarde.	**Daha sonra tekrar geleceğiz.** [daha sonra tekrar geledʒeiz]
descuentos	oferta	**iskonto	indirimli satış** [iskonto	indirimli satɯʃ]

Por favor, enséñeme ...	**Bana ... gösterebilir misiniz?** [bana ... gøsterebilir misiniz?]
¿Me puede dar ..., por favor?	**Bana ... verebilir misiniz?** [bana ... verebilir misiniz?]
¿Puedo probarmelo?	**Deneyebilir miyim?** [denejebilir mijim?]
Perdone, ¿dónde están los probadores?	**Affedersiniz, deneme kabini nerede?** [affedersiniz, deneme kabini nerede?]
¿Qué color le gustaría?	**Ne renk istersiniz?** [ne renk istersiniz?]
la talla	el largo	**beden	boy** [beden	boj]
¿Cómo le queda? (¿Está bien?)	**Nasıl, üzerinize oldu mu?** [nasɯl, yzerinize oldu mu?]

¿Cuánto cuesta esto?	**Bu ne kadar?** [bu ne kadar?]
Es muy caro.	**Çok pahalı.** [tʃok pahalɯ]
Me lo llevo.	**Bunu alıyorum.** [bunu alɯjorum]
Perdone, ¿dónde está la caja?	**Affedersiniz, ödemeyi nerede yapabilirim?** [affedersiniz, ødemeji nerede japabilirim?]

¿Pagará en efectivo o con tarjeta?

Nakit mi yoksa kredi kartıyla mı ödeyeceksiniz?
[nakit mi joksa kredi kartıjla mı ødejedʒeksiniz?]

en efectivo | con tarjeta

Nakit | kredi kartıyla
[nakit | kredi kartıjla]

¿Quiere el recibo?

Fatura ister misiniz?
[fatura ister misiniz?]

Sí, por favor.

Evet, lütfen.
[evet, lytfen]

No, gracias.

Hayır, gerek yok.
[hajır, gerek jok]

Gracias. ¡Que tenga un buen día!

Teşekkür ederim. İyi günler!
[teʃekkyr ederim. iji gynler!]

En la ciudad

Perdone, por favor.	**Affedersiniz.** [affedersiniz]
Busco ...	**..., arıyorum.** [... arıjorum]
el metro	**Metroyu** [metroju]
mi hotel	**Otelimi** [otelimi]
el cine	**Sinemayı** [sinemajı]
una parada de taxis	**Taksi durağını** [taksi duraını]

un cajero automático	**Bir bankamatik** [bir bankamatik]
una oficina de cambio	**Bir döviz bürosu** [bir døviz byrosu]
un cibercafé	**Bir internet kafe** [bir internet kafe]
la calle ...	**... caddesini** [... dʒaddesini]
este lugar	**Şurayı** [ʃurajı]

¿Sabe usted dónde está ...?	**... nerede olduğunu biliyor musunuz?** [... nerede olduunu bilijor musunuz?]
¿Cómo se llama esta calle?	**Bu caddenin adı ne?** [bu dʒaddenin adı ne?]
Muestreme dónde estamos ahora.	**Şu an nerede olduğumuzu gösterir misiniz?** [ʃu an nerede olduumuzu gøsterir misiniz?]
¿Puedo llegar a pie?	**Oraya yürüyerek gidebilir miyim?** [oraja juryjerek gidebilir mijim?]
¿Tiene un mapa de la ciudad?	**Sizde şehir haritası var mı?** [sizde ʃehir haritası var mı?]

¿Cuánto cuesta la entrada?	**Giriş bileti ne kadar?** [giriʃ bileti ne kadar?]
¿Se pueden hacer fotos aquí?	**Burada fotoğraf çekebilir miyim?** [burada fotoraf tʃekebilir mijim?]
¿Está abierto?	**Açık mısınız?** [atʃık mısınız?]

¿A qué hora abren?   **Ne zaman açıyorsunuz?**
                                      [ne zaman atʃijorsunuz?]

¿A qué hora cierran?   **Ne zaman kapatıyorsunuz?**
                                      [ne zaman kapatijorsunuz?]

Dinero

dinero	**para** [para]
efectivo	**nakit** [nakit]
billetes	**kağıt para** [kaıt para]
monedas	**bozukluk** [bozukluk]
la cuenta | el cambio | la propina	**hesap | para üstü | bahşiş** [hesap | para ysty | bahʃiʃ]

la tarjeta de crédito	**kredi kartı** [kredi kartı]
la cartera	**cüzdan** [dʒyzdan]
comprar	**satın almak** [satın almak]
pagar	**ödemek** [ødemek]
la multa	**ceza** [dʒeza]
gratis	**bedava** [bedava]

¿Dónde puedo comprar ...?	**Nereden ... alabilirim?** [nereden ... alabilirim?]
¿Está el banco abierto ahora?	**Banka açık mı?** [banka atʃık mı?]
¿A qué hora abre?	**Ne zaman açılıyor?** [ne zaman atʃılıjor?]
¿A qué hora cierra?	**Ne zaman kapanıyor?** [ne zaman kapanıjor?]

¿Cuánto cuesta?	**Ne kadar?** [ne kadar?]
¿Cuánto cuesta esto?	**Bunun fiyatı nedir?** [bunun fijatı nedir?]
Es muy caro.	**Çok pahalı.** [tʃok pahalı]
Perdone, ¿dónde está la caja?	**Affedersiniz, ödemeyi nerede yapabilirim?** [affedersiniz, ødemeji nerede japabilirim?]

La cuenta, por favor.	**Hesap, lütfen.** [hesap, lytfen]
¿Puedo pagar con tarjeta?	**Kredi kartıyla ödeyebilir miyim?** [kredi kartıjla ødejebilir mijim?]
¿Hay un cajero por aquí?	**Buralarda bankamatik var mı?** [buralarda bankamatik var mı?]
Busco un cajero automático.	**Bankamatik arıyorum.** [bankamatik arıjorum]
Busco una oficina de cambio.	**Döviz bürosu arıyorum.** [døviz byrosu arıjorum]
Quisiera cambiar …	**… bozdurmak istiyorum** [… bozdurmak istijorum]
¿Cuál es el tipo de cambio?	**Döviz kuru nedir?** [døviz kuru nedir?]
¿Necesita mi pasaporte?	**Pasaportuma gerek var mı?** [pasaportuma gerek var mı?]

Tiempo

¿Qué hora es?	**Saat kaç?** [saat katʃ?]
¿Cuándo?	**Ne zaman?** [ne zaman?]
¿A qué hora?	**Saat kaçta?** [saat katʃta?]
ahora | luego | después de …	**şimdi | sonra | …den sonra** [ʃimdi | sonra | …den sonra]

la una	**saat bir** [saat bir]
la una y cuarto	**bir on beş** [bir on beʃ]
la una y medio	**bir otuz** [bir otuz]
las dos menos cuarto	**bir kırk beş** [bir kırk beʃ]

una | dos | tres	**bir | iki | üç** [bir | iki | ytʃ]
cuatro | cinco | seis	**dört | beş | altı** [dørt | beʃ | altı]
siete | ocho | nueve	**yedi | sekiz | dokuz** [jedi | sekiz | dokuz]
diez | once | doce	**on | on bir | on iki** [on | on bir | on iki]

en …	**… içinde** [… itʃinde]
cinco minutos	**beş dakika** [beʃ dakika]
diez minutos	**on dakika** [on dakika]
quince minutos	**on beş dakika** [on beʃ dakika]
veinte minutos	**yirmi dakika** [jirmi dakika]

media hora	**yarım saat** [jarım saat]
una hora	**bir saat** [bir saat]
por la mañana	**sabah** [sabah]

por la mañana temprano	**sabah erkenden** [sabah erkenden]
esta mañana	**bu sabah** [bu sabah]
mañana por la mañana	**yarın sabah** [jarın sabah]
al mediodía	**öğlen yemeğinde** [ø:len jemeinde]
por la tarde	**öğleden sonra** [ø:leden sonra]
por la noche	**akşam** [akʃam]
esta noche	**bu akşam** [bu akʃam]
por la noche	**geceleyin** [gedʒelejin]
ayer	**dün** [dyn]
hoy	**bugün** [bugyn]
mañana	**yarın** [jarın]
pasado mañana	**yarından sonraki gün** [jarından sonraki gyn]
¿Qué día es hoy?	**Bugün günlerden ne?** [bugyn gynlerden ne?]
Es …	**Bugün …** [bugyn …]
lunes	**Pazartesi** [pazartesi]
martes	**Salı** [salı]
miércoles	**Çarşamba** [tʃarʃamba]
jueves	**Perşembe** [perʃembe]
viernes	**Cuma** [dʒuma]
sábado	**Cumartesi** [dʒumartesi]
domingo	**Pazar** [pazar]

Saludos. Presentaciones.

Hola.	**Merhaba.** [merhaba]
Encantado /Encantada/ de conocerle.	**Tanıştığımıza memnun oldum.** [tanıʃtıːımıza memnun oldum]
Yo también.	**Ben de.** [ben de]
Le presento a …	**Sizi … ile tanıştırmak istiyorum** [sizi … ile tanıʃtırmak istijorum]
Encantado.	**Memnun oldum.** [memnun oldum]

¿Cómo está?	**Nasılsınız?** [nasılsınız?]
Me llamo …	**Adım …** [adım …]
Se llama …	**Adı …** [adı …]
Se llama …	**Adı …** [adı …]
¿Cómo se llama (usted)?	**Adınız nedir?** [adınız nedir?]
¿Cómo se llama (él)?	**Onun adı ne?** [onun adı ne?]
¿Cómo se llama (ella)?	**Onun adı ne?** [onun adı ne?]

¿Cuál es su apellido?	**Soyadınız nedir?** [sojadınız nedir?]
Puede llamarme …	**Bana … diyebilirsiniz.** [bana … dijebilirsiniz]
¿De dónde es usted?	**Nereden geliyorsunuz?** [nereden gelijorsunuz?]
Yo soy de ….	**… dan geliyorum.** [… dan gelijorum]
¿A qué se dedica?	**Mesleğiniz nedir?** [mesleiniz nedir?]
¿Quién es?	**Bu kim?** [bu kim?]
¿Quién es él?	**O kim?** [o kim?]
¿Quién es ella?	**O kim?** [o kim?]
¿Quiénes son?	**Onlar kim?** [onlar kim?]

Este es …	**Bu …** [bu …]
mi amigo	**arkadaşım** [arkadaʃım]
mi amiga	**arkadaşım** [arkadaʃım]
mi marido	**kocam** [kodʒam]
mi mujer	**karım** [karım]
mi padre	**babam** [babam]
mi madre	**annem** [annem]
mi hermano	**erkek kardeşim** [erkek kardeʃim]
mi hermana	**kız kardeşim** [kız kardeʃim]
mi hijo	**oğlum** [oolum]
mi hija	**kızım** [kızım]
Este es nuestro hijo.	**Bu bizim oğlumuz.** [bu bizim oolumuz]
Esta es nuestra hija.	**Bu bizim kızımız.** [bu bizim kızımız]
Estos son mis hijos.	**Bunlar benim çocuklarım.** [bunlar benim ʧodʒuklarım]
Estos son nuestros hijos.	**Bunlar bizim çocuklarımız.** [bunlar bizim ʧodʒuklarımız]

Despedidas

¡Adiós!	**Hoşça kalın!** [hoʃʧa kalın!]
¡Chau!	**Görüşürüz!** [gøryʃyryz!]
Hasta mañana.	**Yarın görüşmek üzere.** [jarın gøryʃmek yzere]
Hasta pronto.	**Görüşmek üzere.** [gøryʃmek yzere]
Te veo a las siete.	**Saat yedide görüşürüz.** [saat jedide gøryʃyryz]

¡Que se diviertan!	**İyi eğlenceler!** [iji eelendʒeler!]
Hablamos más tarde.	**Sonra konuşuruz.** [sonra konuʃuruz]
Que tengas un buen fin de semana.	**İyi hafta sonları.** [iji hafta sonları]
Buenas noches.	**İyi geceler.** [iji gedʒeler]

Es hora de irme.	**Gitme vaktim geldi.** [gitme vaktim geldi]
Tengo que irme.	**Gitmem lazım.** [gitmem lazım]
Ahora vuelvo.	**Hemen dönerim.** [hemen dønerim]

Es tarde.	**Geç oldu.** [geʧ oldu]
Tengo que levantarme temprano.	**Erken kalkmam lazım.** [erken kalkmam lazım]
Me voy mañana.	**Yarın gidiyorum.** [jarın gidijorum]
Nos vamos mañana.	**Yarın gidiyoruz.** [jarın gidijoruz]

¡Que tenga un buen viaje!	**İyi yolculuklar!** [iji joldʒuluklar!]
Ha sido un placer.	**Tanıştığımıza memnun oldum.** [tanıʃtı:mıza memnun oldum]
Fue un placer hablar con usted.	**Konuştuğumuza memnun oldum.** [konuʃtuumuza memnun oldum]
Gracias por todo.	**Herşey için teşekkürler.** [herʃej iʧin teʃekkyrler]

Lo he pasado muy bien.	**Çok iyi vakit geçirdim.** [ʧok iji vakit geʧirdim]
Lo pasamos muy bien.	**Çok iyi vakit geçirdik.** [ʧok iji vakit geʧirdik]
Fue genial.	**Gerçekten harikaydı.** [gerʧekten harikajdı]
Le voy a echar de menos.	**Seni özleyeceğim.** [seni øzlejeʤeim]
Le vamos a echar de menos.	**Sizi özleyeceğiz.** [sizi øzlejeʤeiz]
¡Suerte!	**İyi şanslar!** [iji ʃanslar!]
Saludos a …	**… selam söyle.** [… selam søjle]

Idioma extranjero

No entiendo.	**Anlamıyorum.** [anlamıjorum]
Escríbalo, por favor.	**Yazar mısınız, lütfen?** [jazar mısınız, lytfen?]
¿Habla usted ...?	**... biliyor musunuz?** [... bilijor musunuz?]

Hablo un poco de ...	**Biraz ... biliyorum.** [biraz ... bilijorum]
inglés	**İngilizce** [ingilizdʒe]
turco	**Türkçe** [tyrktʃe]
árabe	**Arapça** [araptʃa]
francés	**Fransızca** [fransızdʒa]

alemán	**Almanca** [almandʒa]
italiano	**İtalyanca** [italjandʒa]
español	**İspanyolca** [ispanjoldʒa]
portugués	**Portekizce** [portekizdʒe]
chino	**Çince** [tʃindʒe]
japonés	**Japonca** [ʒapondʒa]

¿Puede repetirlo, por favor?	**Tekrar edebilir misiniz, lütfen?** [tekrar edebilir misiniz, lytfen?]
Lo entiendo.	**Anlıyorum.** [anlıjorum]
No entiendo.	**Anlamıyorum.** [anlamıjorum]
Hable más despacio, por favor.	**Lütfen daha yavaş konuşun.** [lytfen daha javaʃ konuʃun]

¿Está bien?	**Bu doğru mu?** [bu dooru mu?]
¿Qué es esto? (¿Que significa esto?)	**Bu ne?** [bu ne?]

Disculpas

Perdone, por favor.	**Affedersiniz.**
	[affedersiniz]
Lo siento.	**Üzgünüm.**
	[yzgynym]
Lo siento mucho.	**Gerçekten çok üzgünüm.**
	[gertʃekten tʃok yzgynym]
Perdón, fue culpa mía.	**Özür dilerim, benim hatam.**
	[øzyr dilerim, benim hatam]
Culpa mía.	**Benim hatamdı.**
	[benim hatamdı]

¿Puedo …?	**… yapabilir miyim?**
	[… japabilir mijim?]
¿Le molesta si …?	**… bir mahsuru var mı?**
	[… bir mahsuru var mı?]
¡No hay problema! (No pasa nada.)	**Sorun değil.**
	[sorun deil]
Todo está bien.	**Zararı yok.**
	[zararı jok]
No se preocupe.	**Hiç önemli değil.**
	[hitʃ ønemli deil]

Acuerdos

Sí.	**Evet.** [evet]
Sí, claro.	**Evet, tabii ki.** [evet, tabii ki]
Bien.	**Tamam.** [tamam]
Muy bien.	**Çok iyi.** [ʧok iji]
¡Claro que sí!	**Tabii ki!** [tabii ki!]
Estoy de acuerdo.	**Katılıyorum.** [katılıjorum]
Es verdad.	**Doğru.** [dooru]
Es correcto.	**Aynen öyle.** [ajnen øjle]
Tiene razón.	**Haklısınız.** [haklısınız]
No me molesta.	**Benim için sorun değil.** [benim iʧin sorun deil]
Es completamente cierto.	**Kesinlikle doğru.** [kesinlikle dooru]
Es posible.	**Bu mümkün.** [bu mymkyn]
Es una buena idea.	**Bu iyi bir fikir.** [bu iji bir fikir]
No puedo decir que no.	**Hayır diyemem.** [hajır dijemem]
Estaré encantado /encantada/.	**Memnun olurum.** [memnun olurum]
Será un placer.	**Zevkle.** [zevkle]

Rechazo. Expresar duda

No.	**Hayır.** [hajır]
Claro que no.	**Kesinlikle hayır.** [kesinlikle hajır]
No estoy de acuerdo.	**Katılmıyorum.** [katılmıjorum]
No lo creo.	**Sanmıyorum.** [sanmıjorum]
No es verdad.	**Bu doğru değil.** [bu dooru deil]
No tiene razón.	**Yanılıyorsunuz.** [janılıjorsunuz]
Creo que no tiene razón.	**Bence yanılıyorsunuz.** [bendʒe janılıjorsunuz]
No estoy seguro /segura/.	**Emin değilim.** [emin deilim]
No es posible.	**Bu mümkün değil.** [bu mymkyn deil]
¡Nada de eso!	**Hiçbir surette!** [hitʃbir surette!]
Justo lo contrario.	**Tam tersi.** [tam tersi]
Estoy en contra de ello.	**Ben buna karşıyım.** [ben buna karʃıjım]
No me importa. (Me da igual.)	**Umrumda değil.** [umrumda deil]
No tengo ni idea.	**Hiçbir fikrim yok.** [hitʃbir fikrim jok]
Dudo que sea así.	**O konuda şüpheliyim.** [o konuda ʃyphelijim]
Lo siento, no puedo.	**Üzgünüm, yapamam.** [yzgynym, japamam]
Lo siento, no quiero.	**Üzgünüm, istemiyorum.** [yzgynym, istemijorum]
Gracias, pero no lo necesito.	**Teşekkür ederim, fakat buna ihtiyacım yok.** [teʃekkyr ederim, fakat buna ihtijadʒım jok]

Ya es tarde.

Tengo que levantarme temprano.

Me encuentro mal.

Geç oluyor.
[getʃ olujor]

Erken kalmalıyım.
[erken kalmalıjım]

Kendimi iyi hissetmiyorum.
[kendimi iji hissetmijorum]

Expresar gratitud

Gracias.	**Teşekkürler.**
	[teʃekkyrler]
Muchas gracias.	**Çok teşekkür ederim.**
	[tʃok teʃekkyr ederim]
De verdad lo aprecio.	**Gerçekten müteşekkirim.**
	[gertʃekten myteʃekkirim]
Se lo agradezco.	**Size hakikaten minnettarım.**
	[size hakikaten minnettarım]
Se lo agradecemos.	**Size hakikaten minnettarız.**
	[size hakikaten minnettarız]

Gracias por su tiempo.	**Zaman ayırdığınız**
	için teşekkür ederim.
	[zaman ajırdı:ınız
	itʃin teʃekkyr ederim]
Gracias por todo.	**Herşey için teşekkürler.**
	[herʃej itʃin teʃekkyrler]
Gracias por ...	**... için teşekkürler.**
	[... itʃin teʃekkyrler]
su ayuda	**Yardımınız için teşekkürler.**
	[jardımınız itʃin teʃekkyrler]
tan agradable momento	**Bu güzel vakit için teşekkürler.**
	[bu gyzel vakit itʃin teʃekkyrler]

una comida estupenda	**Bu harika yemek için teşekkürler.**
	[bu harika jemek itʃin teʃekkyrler]
una velada tan agradable	**Bu güzel akşam için teşekkürler.**
	[bu gyzel akʃam itʃin teʃekkyrler]
un día maravilloso	**Bu harika gün için teşekkürler.**
	[bu harika gyn itʃin teʃekkyrler]
un viaje increíble	**Bu harika yolculuk için teşekkürler.**
	[bu harika joldʒuluk itʃin teʃekkyrler]

No hay de qué.	**Lafı bile olmaz.**
	[lafı bile olmaz]
De nada.	**Bir şey değil.**
	[bir ʃej deil]
Siempre a su disposición.	**Her zaman.**
	[her zaman]
Encantado /Encantada/ de ayudarle.	**O zevk bana ait.**
	[o zevk bana ait]

No hay de qué.

Hiç önemli değil.
[hiʧ ønemli deil]

No tiene importancia.

Hiç dert etme.
[hiʧ dert etme]

Felicitaciones , Mejores Deseos

¡Felicidades!	**Tebrikler!** [tebrikler!]
¡Feliz Cumpleaños!	**Doğum günün kutlu olsun!** [doum gynyn kutlu olsun!]
¡Feliz Navidad!	**Mutlu Noeller!** [mutlu noeller!]
¡Feliz Año Nuevo!	**Yeni yılın kutlu olsun!** [jeni jılın kutlu olsun!]

¡Felices Pascuas!	**Mutlu Paskalyalar!** [mutlu paskaljalar!]
¡Feliz Hanukkah!	**Mutlu Hanuka Bayramları!** [mutlu hanuka bajramları!]

Quiero brindar.	**Kadeh kaldırmak istiyorum.** [kadeh kaldırmak istijorum]
¡Salud!	**Şerefe!** [ʃerefe!]
¡Brindemos por ...!	**... için kadeh kaldıralım!** [... iʧin kadeh kaldıralım!]
¡A nuestro éxito!	**Başarımıza!** [baʃarımıza!]
¡A su éxito!	**Başarınıza!** [baʃarınıza!]

¡Suerte!	**İyi şanslar!** [iji ʃanslar!]
¡Que tenga un buen día!	**İyi günler!** [iji gynler!]
¡Que tenga unas buenas vacaciones!	**İyi tatiller!** [iji tatiller!]
¡Que tenga un buen viaje!	**İyi yolculuklar!** [iji joldʒuluklar!]
¡Espero que se recupere pronto!	**Geçmiş olsun!** [geʧmiʃ olsun!]

Socializarse

¿Por qué está triste?	**Neden üzgünsünüz?** [neden yzgynsynyz?]
¡Sonría! ¡Anímese!	**Gülümseyin! Neşelenin!** [gylymsejin! neʃelenin!]
¿Está libre esta noche?	**Bu gece müsait misiniz?** [bu gedʒe mysait misiniz?]

¿Puedo ofrecerle algo de beber?	**Size bir içki ısmarlayabilir miyim?** [size bir itʃki ısmarlajabilir mijim?]
¿Querría bailar conmigo?	**Dans eder misiniz?** [dans eder misiniz?]
Vamos a ir al cine.	**Hadi sinemaya gidelim.** [hadi sinemaja gidelim]

¿Puedo invitarle a ...?	**Sizi ... davet edebilir miyim?** [sizi ... davet edebilir mijim?]
un restaurante	**restorana** [restorana]
el cine	**sinemaya** [sinemaja]
el teatro	**tiyatroya** [tijatroja]
dar una vuelta	**yürüyüşe** [juryjyʃe]

¿A qué hora?	**Saat kaçta?** [saat katʃta?]
esta noche	**bu gece** [bu gedʒe]
a las seis	**altıda** [altıda]
a las siete	**yedide** [jedide]
a las ocho	**sekizde** [sekizde]
a las nueve	**dokuzda** [dokuzda]

¿Le gusta este lugar?	**Burayı sevdiniz mi?** [burajı sevdiniz mi?]
¿Está aquí con alguien?	**Biriyle birlikte mi geldiniz?** [birijle birlikte mi geldiniz?]
Estoy con mi amigo /amiga/.	**Arkadaşımlayım.** [arkadaʃımlajım]

Estoy con amigos.	**Arkadaşlarımlayım.** [arkadaʃlarımlajım]
No, estoy solo /sola/.	**Hayır, yalnızım.** [hajır, jalnızım]

¿Tienes novio?	**Erkek arkadaşınız var mı?** [erkek arkadaʃınız var mı?]
Tengo novio.	**Erkek arkadaşım var.** [erkek arkadaʃım var]
¿Tienes novia?	**Kız arkadaşınız var mı?** [kız arkadaʃınız var mı?]
Tengo novia.	**Kız arkadaşım var.** [kız arkadaʃım var]

¿Te puedo volver a ver?	**Seni tekrar görebilir miyim?** [seni tekrar gørebilir mijim?]
¿Te puedo llamar?	**Seni arayabilir miyim?** [seni arajabilir mijim?]
Llámame.	**Ara beni.** [ara beni]
¿Cuál es tu número?	**Telefon numaran nedir?** [telefon numaran nedir?]
Te echo de menos.	**Seni özledim.** [seni øzledim]

¡Qué nombre tan bonito!	**Adınız çok güzel.** [adınız t͡ʃok gyzel]
Te quiero.	**Seni seviyorum.** [seni sevijorum]
¿Te casarías conmigo?	**Benimle evlenir misin?** [benimle evlenir misin?]
¡Está de broma!	**Şaka yapıyorsunuz!** [ʃaka japıjorsunuz!]
Sólo estoy bromeando.	**Sadece şaka yapıyorum.** [sadedʒe ʃaka japıjorum]

¿En serio?	**Ciddi misiniz?** [dʒiddi misiniz?]
Lo digo en serio.	**Ciddiyim.** [dʒiddijim]
¿De verdad?	**Gerçekten mi?!** [gert͡ʃekten mi?!]
¡Es increíble!	**İnanılmaz!** [inanılmaz!]
No le creo.	**Size inanmıyorum.** [size inanmıjorum]
No puedo.	**Yapamam.** [japamam]
No lo sé.	**Bilmiyorum.** [bilmijorum]
No le entiendo.	**Sizi anlamıyorum.** [sizi anlamıjorum]

Váyase, por favor.	**Lütfen gider misiniz?** [lytfen gider misiniz?]
¡Déjeme en paz!	**Beni rahat bırakın!** [beni rahat bırakın!]

Es inaguantable.	**Ona katlanamıyorum!** [ona katlanamıjorum!]
¡Es un asqueroso!	**İğrençsiniz!** [i:irentʃsiniz!]
¡Llamaré a la policía!	**Polisi arayacağım!** [polisi arajadʒaɪm!]

Compartir impresiones. Emociones

Me gusta.	**Bunu sevdim.** [bunu sevdim]
Muy lindo.	**Çok hoş.** [ʧok hoʃ]
¡Es genial!	**Bu harika!** [bu harika!]
No está mal.	**Fena değil.** [fena deil]

No me gusta.	**Bundan hoşlanmadım.** [bundan hoʃlanmadım]
No está bien.	**Bu iyi değil.** [bu iji deil]
Está mal.	**Bu kötü.** [bu køty]
Está muy mal.	**Bu çok kötü.** [bu ʧok køty]
¡Qué asco!	**Bu iğrenç.** [bu iːrenʧ]

Estoy feliz.	**Mutluyum.** [mutlujum]
Estoy contento /contenta/.	**Halimden memnunum.** [halimden memnunum]
Estoy enamorado /enamorada/.	**Aşığım.** [aʃıːım]
Estoy tranquilo.	**Sakinim.** [sakinim]
Estoy aburrido.	**Sıkıldım.** [sıkıldım]

Estoy cansado /cansada/.	**Yorgunum.** [jorgunum]
Estoy triste.	**Üzgünüm.** [yzgynym]
Estoy asustado.	**Korkuyorum.** [korkujorum]
Estoy enfadado /enfadada/.	**Kızgınım.** [kızgınım]

Estoy preocupado /preocupada/.	**Endişeliyim.** [endiʃelijim]
Estoy nervioso /nerviosa/.	**Gerginim.** [gerginim]

Estoy celoso /celosa/.

Kıskanıyorum.
[kıskanıjorum]

Estoy sorprendido /sorprendida/.

Şaşırdım.
[ʃaʃırdım]

Estoy perplejo /perpleja/.

Şaşkınım.
[ʃaʃkınım]

Problemas, Accidentes

Tengo un problema.	**Bir sorunum var.** [bir sorunum var]
Tenemos un problema.	**Bir sorunumuz var.** [bir sorunumuz var]
Estoy perdido /perdida/.	**Kayboldum.** [kajboldum]
Perdi el último autobús (tren).	**Son otobüsü (treni) kaçırdım.** [son otobysy (treni) katʃırdım]
No me queda más dinero.	**Hiç param kalmadı.** [hitʃ param kalmadı]

He perdido …	**… kaybettim.** [… kajbettim]
Me han robado …	**Biri … çaldı.** [biri … tʃaldı]
mi pasaporte	**pasaportumu** [pasaportumu]
mi cartera	**cüzdanımı** [dʒyzdanımı]
mis papeles	**belgelerimi** [belgelerimi]
mi billete	**biletimi** [biletimi]

mi dinero	**paramı** [paramı]
mi bolso	**el çantamı** [el tʃantamı]
mi cámara	**fotoğraf makinamı** [fotoraf makinamı]
mi portátil	**dizüstü bilgisayarımı** [dizysty bilgisajarımı]
mi tableta	**tablet bilgisayarımı** [tablet bilgisajarımı]
mi teléfono	**cep telefonumu** [dʒep telefonumu]

¡Ayúdeme!	**Yardım edin!** [jardım edin!]
¿Qué pasó?	**Ne oldu?** [ne oldu?]
el incendio	**yangın** [jangın]

un tiroteo	**silahlı çatışma** [silahlı ʧatıʃma]
el asesinato	**cinayet** [dʒinajet]
una explosión	**patlama** [patlama]
una pelea	**kavga** [kavga]

¡Llame a la policía!	**Polis çağırın!** [polis ʧaırın!]
¡Más rápido, por favor!	**Lütfen acele edin!** [lytfen adʒele edin!]
Busco la comisaría.	**Karakolu arıyorum.** [karakolu arıjorum]
Tengo que hacer una llamada.	**Telefon açmam gerek.** [telefon atʃmam gerek]
¿Puedo usar su teléfono?	**Telefonunuzu kullanabilir miyim?** [telefonunuzu kullanabilir mijim?]

Me han ...	**Ben ...** [ben ...]
asaltado /asaltada/	**gasp edildim.** [gasp edildim]
robado /robada/	**soyuldum.** [sojuldum]
violada	**tecavüze uğradım.** [tedʒavyze uuradım]
atacado /atacada/	**saldırıya uğradım.** [saldırıja uuradım]

¿Se encuentra bien?	**İyi misiniz?** [iji misiniz?]
¿Ha visto quien a sido?	**Kim olduğunu gördünüz mü?** [kim olduunu gørdynyz my?]
¿Sería capaz de reconocer a la persona?	**Yapanı görseniz, tanıyabilir misiniz?** [japanı gørseniz, tanıjabilir misiniz?]
¿Está usted seguro?	**Emin misiniz?** [emin misiniz?]

Por favor, cálmese.	**Lütfen sakinleşin.** [lytfen sakinleʃin]
¡Cálmese!	**Sakin ol!** [sakin ol!]
¡No se preocupe!	**Endişelenmeyin!** [endiʃelenmejin!]
Todo irá bien.	**Herşey yoluna girecek.** [herʃej joluna giredʒek]
Todo está bien.	**Herşey yolunda.** [herʃej jolunda]
Venga aquí, por favor.	**Buraya gelin, lütfen.** [buraja gelin, lytfen]

Tengo unas preguntas para usted.	**Size birkaç sorum olacak.**
	[size birkatʃ sorum oladʒak]
Espere un momento, por favor.	**Bir dakika bekler misiniz, lütfen?**
	[bir dakika bekler misiniz, lytfen?]
¿Tiene un documento de identidad?	**Kimliğiniz var mı?**
	[kimli:iniz var mı?]
Gracias. Puede irse ahora.	**Teşekkürler. Şimdi gidebilirsiniz.**
	[teʃekkyrler. ʃimdi gidebilirsiniz]
¡Manos detrás de la cabeza!	**Ellerinizi başınızın arkasına koyun!**
	[ellerinizi baʃınızın arkasına kojun!]
¡Está arrestado!	**Tutuklusunuz!**
	[tutuklusunuz!]

Problemas de salud

Ayudeme, por favor.	**Lütfen bana yardım eder misiniz?** [lytfen bana jardım eder misiniz?]
No me encuentro bien.	**Kendimi iyi hissetmiyorum.** [kendimi iji hissetmijorum]
Mi marido no se encuentra bien.	**Kocam kendisini iyi hissetmiyor.** [kodʒam kendisini iji hissetmijor]
Mi hijo ...	**Oğlum ...** [oolum ...]
Mi padre ...	**Babam ...** [babam ...]

Mi mujer no se encuentra bien.	**Karım kendisini iyi hissetmiyor.** [karım kendisini iji hissetmijor]
Mi hija ...	**Kızım ...** [kızım ...]
Mi madre ...	**Annem ...** [annem ...]

Me duele ...	**... ağrıyor.** [... aarıjor]
la cabeza	**Başım** [baʃım]
la garganta	**Boğazım** [boazım]
el estómago	**Midem** [midem]
un diente	**Dişim** [diʃim]

Estoy mareado.	**Başım dönüyor.** [baʃım dønyjor]
Él tiene fiebre.	**Ateşi var.** [ateʃi var]
Ella tiene fiebre.	**Ateşi var.** [ateʃi var]
No puedo respirar.	**Nefes alamıyorum.** [nefes alamıjorum]

Me ahogo.	**Nefesim daralıyor.** [nefesim daralıjor]
Tengo asma.	**Astımım var.** [astımım var]
Tengo diabetes.	**Şeker hastalığım var.** [ʃeker hastalı:ım var]

No puedo dormir.	**Uyuyamıyorum.**
	[ujujamıjorum]
intoxicación alimentaria	**Gıda zehirlenmesi**
	[gıda zehirlenmesi]

Me duele aquí.	**Burası acıyor.**
	[burası adʒijor]
¡Ayúdeme!	**Yardım edin!**
	[jardım edin!]
¡Estoy aquí!	**Buradayım!**
	[buradajım!]
¡Estamos aquí!	**Buradayız!**
	[buradajız!]
¡Saquenme de aquí!	**Beni buradan çıkarın!**
	[beni buradan ʧıkarın!]
Necesito un médico.	**Doktora ihtiyacım var.**
	[doktora ihtijadʒım var]
No me puedo mover.	**Hareket edemiyorum.**
	[hareket edemijorum]
No puedo mover mis piernas.	**Bacaklarımı kıpırdatamıyorum.**
	[badʒaklarımı kıpırdatamıjorum]

Tengo una herida.	**Yaralandım.**
	[jaralandım]
¿Es grave?	**Ciddi mi?**
	[dʒiddi mi?]
Mis documentos están en mi bolsillo.	**Belgelerim cebimde.**
	[belgelerim dʒebimde]
¡Cálmese!	**Sakin olun!**
	[sakin olun!]
¿Puedo usar su teléfono?	**Telefonunuzu kullanabilir miyim?**
	[telefonunuzu kullanabilir mijim?]

¡Llame a una ambulancia!	**Ambulans çağırın!**
	[ambulans ʧaırın!]
¡Es urgente!	**Acil!**
	[adʒil!]
¡Es una emergencia!	**Bu bir acil durum!**
	[bu bir adʒil durum!]
¡Más rápido, por favor!	**Lütfen acele edin!**
	[lytfen adʒele edin!]
¿Puede llamar a un médico, por favor?	**Lütfen doktor çağırır mısınız?**
	[lytfen doktor ʧaırır mısınız?]
¿Dónde está el hospital?	**Hastane nerede?**
	[hastane nerede?]

¿Cómo se siente?	**Kendinizi nasıl hissediyorsunuz?**
	[kendinizi nasıl hissedijorsunuz?]
¿Se encuentra bien?	**İyi misiniz?**
	[iji misiniz?]
¿Qué pasó?	**Ne oldu?**
	[ne oldu?]

Me encuentro mejor.

Şimdi daha iyiyim.
[ʃimdi daha ijijim]

Está bien.

Sorun değil.
[sorun deil]

Todo está bien.

Bir şeyim yok.
[bir ʃejim jok]

En la farmacia

la farmacia	**eczane** [edʒzane]
la farmacia 24 horas	**nöbetçi eczane** [nøbettʃi edʒzane]
¿Dónde está la farmacia más cercana?	**En yakın eczane nerede?** [en jakın edʒzane nerede?]

¿Está abierta ahora?	**Şu an açık mı?** [ʃu an atʃık mı?]
¿A qué hora abre?	**Saat kaçta açılıyor?** [saat katʃta atʃılıjor?]
¿A qué hora cierra?	**Saat kaçta kapanıyor?** [saat katʃta kapanıjor?]

¿Está lejos?	**Uzakta mı?** [uzakta mı?]
¿Puedo llegar a pie?	**Oraya yürüyerek gidebilir miyim?** [oraja juryjerek gidebilir mijim?]
¿Puede mostrarme en el mapa?	**Yerini haritada gösterebilir misiniz?** [jerini haritada gøsterebilir misiniz?]

Por favor, deme algo para …	**Lütfen … için bir şey verir misiniz?** [lytfen … itʃin bir ʃej verir misiniz?]
un dolor de cabeza	**baş ağrısı** [baʃ aarısı]
la tos	**öksürük** [øksyryk]
el resfriado	**soğuk algınlığı** [souk algınlı:ı]
la gripe	**grip** [grip]

la fiebre	**ateş** [ateʃ]
un dolor de estomago	**mide ağrısı** [mide aarısı]
nauseas	**bulantı** [bulantı]
la diarrea	**ishal** [ishal]
el estreñimiento	**kabızlık** [kabızlık]
un dolor de espalda	**sırt ağrısı** [sırt aarısı]

un dolor de pecho	göğüs ağrısı [gøjus aarısı]
el flato	dalak şişmesi [dalak ʃiʃmesi]
un dolor abdominal	karın ağrısı [karın aarısı]

la píldora	hap [hap]
la crema	merhem, krem [merhem, krem]
el jarabe	şurup [ʃurup]
el spray	sprey [sprej]
las gotas	damla [damla]

Tiene que ir al hospital.	Hastaneye gitmeniz gerek. [hastaneje gitmeniz gerek]
el seguro de salud	sağlık sigortası [saalık sigortası]
la receta	reçete [retʃete]
el repelente de insectos	böcek ilacı [bødʒek iladʒı]
la curita	yara bandı [jara bandı]

Lo más imprescindible

Perdone, ...	**Affedersiniz, ...** [affedersiniz, ...]
Hola.	**Merhaba.** [merhaba]
Gracias.	**Teşekkürler.** [teʃekkyrler]
Sí.	**Evet.** [evet]
No.	**Hayır.** [hajır]
No lo sé.	**Bilmiyorum.** [bilmijorum]
¿Dónde?	¿A dónde?	¿Cuándo?	**Nerede?	Nereye?	Ne zaman?** [nerede?	nereje?	ne zaman?]
Necesito ...	**Bana ... lazım.** [bana ... lazım]
Quiero ...	**... istiyorum.** [... istijorum]
¿Tiene ...?	**Sizde ... var mı?** [sizde ... var mı?]
¿Hay ... por aquí?	**Burada ... var mı?** [burada ... var mı?]
¿Puedo ...?	**... yapabilir miyim?** [... japabilir mijim?]
..., por favor? (petición educada)	**..., lütfen** [..., lytfen]
Busco ...	**Ben ... arıyorum.** [ben ... arıjorum]
el servicio	**tuvaleti** [tuvaleti]
un cajero automático	**bankamatik** [bankamatik]
una farmacia	**eczane** [edʒzane]
el hospital	**hastane** [hastane]
la comisaría	**karakolu** [karakolu]
el metro	**metroyu** [metroju]

un taxi	**taksi** [taksi]
la estación de tren	**tren istasyonunu** [tren istasjonunu]

Me llamo …	**Benim adım …** [benim adım …]
¿Cómo se llama?	**Adınız nedir?** [adınız nedir?]
¿Puede ayudarme, por favor?	**Bana yardım edebilir misiniz, lütfen?** [bana jardım edebilir misiniz, lytfen?]
Tengo un problema.	**Bir sorunum var.** [bir sorunum var]
Me encuentro mal.	**Kendimi iyi hissetmiyorum.** [kendimi iji hissetmijorum]
¡Llame a una ambulancia!	**Ambulans çağırın!** [ambulans tʃaırın!]
¿Puedo llamar, por favor?	**Telefonunuzdan bir arama yapabilir miyim?** [telefonunuzdan bir arama japabilir mijim?]

Lo siento.	**Üzgünüm.** [yzgynym]
De nada.	**Rica ederim.** [ridʒa ederim]

Yo	**Ben, bana** [ben, bana]
tú	**sen** [sen]
él	**o** [o]
ella	**o** [o]
ellos	**onlar** [onlar]
ellas	**onlar** [onlar]
nosotros /nosotras/	**biz** [biz]
ustedes, vosotros	**siz** [siz]
usted	**siz** [siz]

ENTRADA	**GİRİŞ** [giriʃ]
SALIDA	**ÇIKIŞ** [tʃikiʃ]
FUERA DE SERVICIO	**HİZMET DIŞI** [hizmet dıʃi]

CERRADO	**KAPALI** [kapali]
ABIERTO	**AÇIK** [atʃık]
PARA SEÑORAS	**KADINLAR İÇİN** [kadinlar itʃin]
PARA CABALLEROS	**ERKEKLER İÇİN** [erkekler itʃin]

VOCABULARIO TEMÁTICO

Esta sección contiene más
de 3.000 de las palabras más
importantes. El diccionario
le proporcionará una ayuda
inestimable mientras viaja al
extranjero, porque las palabras
individuales son a menudo
suficientes para que
le entiendan.
El diccionario incluye una
transcripción adecuada
de cada palabra extranjera

CONTENIDO
DEL DICCIONARIO

T&P Books Publishing

T&P BOOKS

CONCEPTOS BÁSICOS

T&P Books Publishing

1. Los pronombres

yo	**ben**	[ben]
tú	**sen**	[sen]
él, ella, ello	**o**	[o]
nosotros, -as	**biz**	[biz]
vosotros, -as	**siz**	[siz]
ellos, ellas	**onlar**	[onlar]

2. Saludos. Salutaciones

¡Hola! (fam.)	**Selam!**	[selam]
¡Hola! (form.)	**Merhaba! Nasilsiniz?**	[merhaba], [nasilsiniz]
¡Buenos días!	**Günaydın!**	[gynajdın]
¡Buenas tardes!	**İyi günler!**	[iji gynler]
¡Buenas noches!	**İyi akşamlar!**	[iji akʃamlar]
decir hola	**selam vermek**	[selam vermek]
¡Hola! (a un amigo)	**Selam! Merhaba!**	[selam], [merhaba]
saludo (m)	**selam**	[selam]
saludar (vt)	**selamlamak**	[selamlamak]
¿Cómo estáis?	**Nasilsiniz?**	[nasılsınız]
¿Cómo estás?	**Nasılsın?**	[nasılsın]
¿Qué hay de nuevo?	**Ne var ne yok?**	[ne var ne jok]
¡Hasta la vista! (form.)	**Hoşça kalın!**	[hoʃtʃa kalın]
¡Hasta la vista! (fam.)	**Hoşça kal!**	[hoʃtʃa kal]
¡Hasta pronto!	**Görüşürüz!**	[gøryʃyryz]
¡Adiós!	**Elveda!**	[elveda]
despedirse (vr)	**vedalaşmak**	[vedalaʃmak]
¡Hasta luego!	**Güle güle!**	[gyle gyle]
¡Gracias!	**Teşekkür ederim!**	[teʃekkyr ederim]
¡Muchas gracias!	**Çok teşekkür ederim!**	[tʃok teʃekkyr ederim]
De nada	**Rica ederim**	[ridʒa ederim]
No hay de qué	**Bir şey değil**	[bir ʃej deil]
De nada	**Estağfurullah**	[estaafurulla]
¡Disculpa!	**Affedersin!**	[afedersin]
¡Disculpe!	**Affedersiniz!**	[afedersiniz]
disculpar (vt)	**affetmek**	[afetmek]
disculparse (vr)	**özür dilemek**	[øzyr dilemek]
Mis disculpas	**Özür dilerim**	[øzyr dilerim]

¡Perdóneme!	Affedersiniz!	[afedersiniz]
perdonar (vt)	bağışlamak	[baıʃlamak]
¡No pasa nada!	Önemli değil!	[ønemli deil]
por favor	lütfen	[lytfen]

¡No se le olvide!	Unutmayın!	[unutmajın]
¡Ciertamente!	Kesinlikle!	[kesinlikte]
¡Claro que no!	Tabii ki hayır!	[tabii ki hajır]
¡De acuerdo!	Tamam!	[tamam]
¡Basta!	Yeter artık!	[jeter artık]

3. Las preguntas

¿Quién?	Kim?	[kim]
¿Qué?	Ne?	[ne]
¿Dónde?	Nerede?	[nerede]
¿Adónde?	Nereye?	[nereje]
¿De dónde?	Nereden?	[nereden]
¿Cuándo?	Ne zaman?	[ne zaman]
¿Para qué?	Niçin?	[nitʃin]
¿Por qué?	Neden?	[neden]

¿Por qué razón?	Ne için?	[ne itʃin]
¿Cómo?	Nasıl?	[nasıl]
¿Qué ...? (~ color)	Hangi?	[hangi]
¿Cuál?	Hangisi?	[hangisi]

¿A quién?	Kime?	[kime]
¿De quién? (~ hablan ...)	Kim hakkında?	[kim hakında]
¿De qué?	Ne hakkında?	[ne hakkında]
¿Con quién?	Kimle?	[kimle]

¿Cuánto? (innum.)	Ne kadar?	[ne kadar]
¿Cuánto? (num.)	Kaç adet?	[katʃ adet]
¿De quién? (~ es este ...)	Kimin?	[kimin]
¿De quién? (pl)	Kimlerin?	[kimlerin]

4. Las preposiciones

con ... (~ algn)	ile birlikte	[ile birlikte]
sin ... (~ azúcar)	-siz (sız/suz/süz)	[siz/sız/suz/syz]
a ... (p.ej. voy a México)	-e, -a	[e], [a]
de ... (hablar ~)	hakkında	[hakkında]
antes de ...	önce	[øndʒe]
delante de ...	önünde	[ønynde]

| debajo | altında | [altında] |
| sobre ..., encima de ... | üstüne | [ystyne] |

en, sobre (~ la mesa)	üstünde	[ystynde]
de (origen)	-den, -dan	[den], [dan]
de (fabricado de)	-den, -dan	[den], [dan]
dentro de ...	içinde	[itʃinde]
encima de ...	üstünden	[ystynden]

5. Las palabras útiles. Los adverbios. Unidad 1

¿Dónde?	Nerede?	[nerede]
aquí (adv)	burada	[burada]
allí (adv)	orada	[orada]
en alguna parte	bir yerde	[bir jerde]
en ninguna parte	hiçbir yerde	[hitʃbir jerde]
junto a ...	... yanında	[janında]
junto a la ventana	pencerenin yanında	[pendʒerenin janında]
¿A dónde?	Nereye?	[nereje]
aquí (venga ~)	buraya	[buraja]
allí (vendré ~)	oraya	[oraja]
de aquí (adv)	buradan	[buradan]
de allí (adv)	oradan	[oradan]
cerca (no lejos)	yakında	[jakında]
lejos (adv)	uzağa	[uzaa]
cerca de ...	yakınında	[jakınında]
al lado (de ...)	yakınlarda	[jakınlarda]
no lejos (adv)	uzakta değil, yakında	[uzakta deil], [jakında]
izquierdo (adj)	sol	[sol]
a la izquierda (situado ~)	solda	[solda]
a la izquierda (girar ~)	sola	[sola]
derecho (adj)	sağ	[saa]
a la derecha (situado ~)	sağda	[saada]
a la derecha (girar)	sağa	[saa]
delante (yo voy ~)	önde	[ønde]
delantero (adj)	ön	[øn]
adelante (movimiento)	ileri	[ileri]
detrás de ...	arkada	[arkada]
desde atrás	arkadan	[arkadan]
atrás (da un paso ~)	geriye	[gerije]
centro (m), medio (m)	orta	[orta]
en medio (adv)	ortasında	[ortasında]

de lado (adv)	kenarda	[kenarda]
en todas partes	her yerde	[her jerde]
alrededor (adv)	etrafında	[etrafında]

de dentro (adv)	içeriden	[itʃeriden]
a alguna parte	bir yere	[bir jere]
todo derecho (adv)	dosdoğru	[dosdooru]
atrás (muévelo para ~)	geri	[geri]

| de alguna parte (adv) | bir yerden | [bir jerden] |
| no se sabe de dónde | bir yerlerden | [bir jerlerden] |

primero (adv)	ilk olarak	[ilk olarak]
segundo (adv)	ikinci olarak	[ikindʒi olarak]
tercero (adv)	üçüncü olarak	[ytʃundʒy olarak]

de súbito (adv)	birdenbire	[birdenbire]
al principio (adv)	başlangıçta	[baʃlangıtʃta]
por primera vez	ilk kez	[ilk kez]
mucho tiempo antes ...	çok önce	[tʃok øndʒe]
de nuevo (adv)	baştan, yeniden	[baʃtan], [jeniden]
para siempre (adv)	sonsuza kadar	[sonsuza kadar]

jamás, nunca (adv)	hiçbir zaman	[hitʃbir zaman]
de nuevo (adv)	tekrar	[tekrar]
ahora (adv)	şimdi	[ʃimdi]
frecuentemente (adv)	sık	[sık]
entonces (adv)	o zaman	[o zaman]
urgentemente (adv)	acilen	[adʒilen]
usualmente (adv)	genellikle	[genellikle]

a propósito, ...	aklıma gelmişken, ...	[aklıma gelmiʃken]
es probable	herhalde	[herhalde]
probablemente (adv)	muhtemelen	[muhtemelen]
tal vez	belki, muhtemelen	[belki], [muhtemelen]
además ...	ayrıca ...	[ajrıdʒa]
por eso ...	bu yüzden	[bu juzden]
a pesar de ...	rağmen ...	[raamen]
gracias a ...	... sayesinde	[sajesinde]

qué (pron)	ne	[ne]
que (conj)	ki	[ki]
algo (~ le ha pasado)	bir şey	[bir ʃej]
algo (~ así)	herhangi bir şey	[herhangi bir ʃej]
nada (f)	hiçbir şey	[hitʃbir ʃej]

quien	kim	[kim]
alguien (viene ~)	birisi	[birisı]
alguien (¿ha llamado ~?)	biri	[biri]

| nadie | hiç kimse | [hitʃ kimse] |
| a ninguna parte | hiçbir yere | [hitʃbir jere] |

| de nadie | kimsenin | [kimsenin] |
| de alguien | birinin | [birinin] |

tan, tanto (adv)	çok, öylesine	[tʃok], [øjlesine]
también (~ habla francés)	dahi	[dahi]
también (p.ej. Yo ~)	de, da	[de], [da]

6. Las palabras útiles. Los adverbios. Unidad 2

¿Por qué?	Neden?	[neden]
no se sabe porqué	nedense	[nedense]
porque ...	çünkü	[tʃynky]
por cualquier razón (adv)	her nedense	[her nedense]

y (p.ej. uno y medio)	ve	[ve]
o (p.ej. té o café)	veya	[veja]
pero (p.ej. me gusta, ~)	fakat	[fakat]
para (p.ej. es para ti)	için	[itʃin]

demasiado (adv)	fazla	[fazla]
sólo, solamente (adv)	yalnızca	[jalnızdʒa]
exactamente (adv)	tam olarak	[tam olarak]
unos ...,	yaklaşık	[jaklaʃık]
cerca de ... (~ 10 kg)		

aproximadamente	yaklaşık olarak	[jaklaʃık olarak]
aproximado (adj)	yaklaşık	[jaklaʃık]
casi (adv)	neredeyse	[neredejse]
resto (m)	gerisi	[gerisi]

el otro (adj)	öbür, diğer	[øbyr], [dijer]
otro (p.ej. el otro día)	öteki	[øteki]
cada (adj)	her biri	[her biri]
cualquier (adj)	herhangi biri	[herhangi biri]
mucho (adv)	çok	[tʃok]
muchos (mucha gente)	birçokları	[birtʃokları]
todos	hepsi, herkes	[hepsi], [herkez]

a cambio de ...	... karşılık olarak	[karʃılık olarak]
en cambio (adv)	yerine	[jerine]
a mano (hecho ~)	elle, el ile	[elle], [el ile]
poco probable	şüpheli	[ʃypheli]

probablemente	büyük olasılıkla	[byjuk olasılıkla]
a propósito (adv)	mahsus	[mahsus]
por accidente (adv)	tesadüfen	[tesadyfen]

muy (adv)	çok	[tʃok]
por ejemplo (adv)	mesela	[mesela]
entre (~ nosotros)	arasında	[arasında]

entre (~ otras cosas)	**arasında**	[arasında]
tanto (~ gente)	**öyle çok**	[øjle ʧok]
especialmente (adv)	**özellikle**	[øzelikle]

NÚMEROS. MISCELÁNEA

T&P Books Publishing

cero	**sıfır**	[sıfır]
uno	**bir**	[bir]
dos	**iki**	[iki]
tres	**üç**	[ytʃ]
cuatro	**dört**	[dørt]
cinco	**beş**	[beʃ]
seis	**altı**	[altı]
siete	**yedi**	[jedi]
ocho	**sekiz**	[sekiz]
nueve	**dokuz**	[dokuz]
diez	**on**	[on]
once	**on bir**	[on bir]
doce	**on iki**	[on iki]
trece	**on üç**	[on ytʃ]
catorce	**on dört**	[on dørt]
quince	**on beş**	[on beʃ]
dieciséis	**on altı**	[on altı]
diecisiete	**on yedi**	[on jedi]
dieciocho	**on sekiz**	[on sekiz]
diecinueve	**on dokuz**	[on dokuz]
veinte	**yirmi**	[jirmi]
veintiuno	**yirmi bir**	[jirmi bir]
veintidós	**yirmi iki**	[jirmi iki]
veintitrés	**yirmi üç**	[jirmi ytʃ]
treinta	**otuz**	[otuz]
treinta y uno	**otuz bir**	[otuz bir]
treinta y dos	**otuz iki**	[otuz iki]
treinta y tres	**otuz üç**	[otuz ytʃ]
cuarenta	**kırk**	[kırk]
cuarenta y uno	**kırk bir**	[kırk bir]
cuarenta y dos	**kırk iki**	[kırk iki]
cuarenta y tres	**kırk üç**	[kırk ytʃ]
cincuenta	**elli**	[elli]
cincuenta y uno	**elli bir**	[elli bir]
cincuenta y dos	**elli iki**	[elli iki]
cincuenta y tres	**elli üç**	[elli ytʃ]
sesenta	**altmış**	[altmıʃ]

sesenta y uno	altmış bir	[altmıʃ bir]
sesenta y dos	altmış iki	[altmıʃ iki]
sesenta y tres	altmış üç	[altmıʃ ytʃ]

setenta	yetmiş	[jetmiʃ]
setenta y uno	yetmiş bir	[jetmiʃ bir]
setenta y dos	yetmiş iki	[jetmiʃ iki]
setenta y tres	yetmiş üç	[jetmiʃ ytʃ]

ochenta	seksen	[seksen]
ochenta y uno	seksen bir	[seksen bir]
ochenta y dos	seksen iki	[seksen iki]
ochenta y tres	seksen üç	[seksen ytʃ]

noventa	doksan	[doksan]
noventa y uno	doksan bir	[doksan bir]
noventa y dos	doksan iki	[doksan iki]
noventa y tres	doksan üç	[doksan ytʃ]

8. Números cardinales. Unidad 2

cien	yüz	[juz]
doscientos	iki yüz	[iki juz]
trescientos	üç yüz	[ytʃ juz]
cuatrocientos	dört yüz	[dørt juz]
quinientos	beş yüz	[beʃ juz]

seiscientos	altı yüz	[altı juz]
setecientos	yedi yüz	[jedi juz]
ochocientos	sekiz yüz	[sekiz juz]
novecientos	dokuz yüz	[dokuz juz]

mil	bin	[bin]
dos mil	iki bin	[iki bin]
tres mil	üç bin	[ytʃ bin]
diez mil	on bin	[on bin]
cien mil	yüz bin	[juz bin]
millón (m)	milyon	[miljon]
mil millones	milyar	[miljar]

9. Números ordinales

primero (adj)	birinci	[birindʒi]
segundo (adj)	ikinci	[ikindʒi]
tercero (adj)	üçüncü	[ytʃyndʒy]
cuarto (adj)	dördüncü	[dørdyndʒy]
quinto (adj)	beşinci	[beʃindʒi]
sexto (adj)	altıncı	[altındʒı]

séptimo (adj)	yedinci	[jedinʤi]
octavo (adj)	sekizinci	[sekizinʤi]
noveno (adj)	dokuzuncu	[dokuzunʤu]
décimo (adj)	onuncu	[onunʤu]

T&P BOOKS

LOS COLORES.
LAS UNIDADES DE MEDIDA

T&P Books Publishing

10. Los colores

color (m)	**renk**	[renk]
matiz (m)	**ton**	[ton]
tono (m)	**renk tonu**	[renk tonu]
arco (m) iris	**gökkuşağı**	[gøkkuʃaɪ]
blanco (adj)	**beyaz**	[bejaz]
negro (adj)	**siyah**	[sijah]
gris (adj)	**gri**	[gri]
verde (adj)	**yeşil**	[jeʃil]
amarillo (adj)	**sarı**	[sarı]
rojo (adj)	**kırmızı**	[kırmızı]
azul (adj)	**mavi**	[mavi]
azul claro (adj)	**açık mavi**	[atʃık mavi]
rosa (adj)	**pembe**	[pembe]
naranja (adj)	**turuncu**	[turundʒu]
violeta (adj)	**mor**	[mor]
marrón (adj)	**kahverengi**	[kahverengi]
dorado (adj)	**altın**	[altın]
argentado (adj)	**gümüş, gümüş rengi**	[gymyʃ], [gymyʃ rengi]
beige (adj)	**bej rengi**	[beʒ rengi]
crema (adj)	**krem rengi**	[krem rengi]
turquesa (adj)	**turkuaz**	[turkuaz]
rojo cereza (adj)	**vişne rengi**	[viʃne rengi]
lila (adj)	**leylak rengi**	[lejlak rengi]
carmesí (adj)	**koyu kırmızı**	[koju kırmızı]
claro (adj)	**açık**	[atʃık]
oscuro (adj)	**koyu**	[koju]
vivo (adj)	**parlak**	[parlak]
de color (lápiz ~)	**renkli**	[renkli]
en colores (película ~)	**renkli**	[renkli]
blanco y negro (adj)	**siyah-beyaz**	[sijah bejaz]
unicolor (adj)	**tek renkli**	[tek renkli]
multicolor (adj)	**rengârenk**	[rengjarenk]

11. Las unidades de medida

peso (m)	**ağırlık**	[aırlık]
longitud (f)	**uzunluk**	[uzunluk]

anchura (f)	**genişlik**	[geniʃlik]
altura (f)	**yükseklik**	[jukseklik]
profundidad (f)	**derinlik**	[derinlik]
volumen (m)	**hacim**	[hadʒim]
área (f)	**alan**	[alan]
gramo (m)	**gram**	[gram]
miligramo (m)	**miligram**	[miligram]
kilogramo (m)	**kilogram**	[kilogram]
tonelada (f)	**ton**	[ton]
libra (f)	**libre**	[libre]
onza (f)	**ons**	[ons]
metro (m)	**metre**	[metre]
milímetro (m)	**milimetre**	[milimetre]
centímetro (m)	**santimetre**	[santimetre]
kilómetro (m)	**kilometre**	[kilometre]
milla (f)	**mil**	[mil]
pulgada (f)	**inç**	[intʃ]
pie (m)	**kadem**	[kadem]
yarda (f)	**yarda**	[jarda]
metro (m) cuadrado	**metrekare**	[metrekare]
hectárea (f)	**hektar**	[hektar]
litro (m)	**litre**	[litre]
grado (m)	**derece**	[deredʒe]
voltio (m)	**volt**	[volt]
amperio (m)	**amper**	[amper]
caballo (m) de fuerza	**beygir gücü**	[bejgir gydʒy]
cantidad (f)	**miktar**	[miktar]
un poco de …	**biraz …**	[biraz]
mitad (f)	**yarım**	[jarım]
docena (f)	**düzine**	[dyzine]
pieza (f)	**adet, tane**	[adet], [tane]
dimensión (f)	**boyut**	[bojut]
escala (f) (del mapa)	**ölçek**	[øltʃek]
mínimo (adj)	**minimum**	[minimum]
el más pequeño (adj)	**en küçük**	[en kytʃuk]
medio (adj)	**orta**	[orta]
máximo (adj)	**maksimum**	[maksimum]
el más grande (adj)	**en büyük**	[en byjuk]

12. Contenedores

tarro (m) de vidrio	**kavanoz**	[kavanoz]
lata (f)	**teneke**	[teneke]

cubo (m)	**kova**	[kova]
barril (m)	**fıçı, varil**	[fɪtʃɪ], [varil]
palangana (f)	**leğen**	[leen]
tanque (m)	**tank**	[taɳk]
petaca (f) (de alcohol)	**matara**	[matara]
bidón (m) de gasolina	**benzin bidonu**	[benzin bidonu]
cisterna (f)	**tank**	[tank]
taza (f) (mug de cerámica)	**kupa**	[kupa]
taza (f) (~ de café)	**fincan**	[findʒan]
platillo (m)	**fincan tabağı**	[findʒan tabaɪ]
vaso (m) (~ de agua)	**bardak**	[bardak]
copa (f) (~ de vino)	**kadeh**	[kade]
olla (f)	**tencere**	[tendʒere]
botella (f)	**şişe**	[ʃiʃe]
cuello (m) de botella	**boyun**	[bojun]
garrafa (f)	**sürahi**	[syrahi]
jarro (m) (~ de agua)	**testi**	[testi]
recipiente (m)	**kap**	[kap]
tarro (m)	**çömlek**	[tʃømlek]
florero (m)	**vazo**	[vazo]
frasco (m) (~ de perfume)	**şişe**	[ʃiʃe]
frasquito (m)	**küçük şişe**	[kytʃuk ʃiʃe]
tubo (m)	**tüp**	[typ]
saco (m) (~ de azúcar)	**çuval**	[tʃuval]
bolsa (f) (~ plástica)	**torba**	[torba]
paquete (m) (~ de cigarrillos)	**paket**	[paket]
caja (f)	**kutu**	[kutu]
cajón (m) (~ de madera)	**sandık**	[sandɪk]
cesta (f)	**sepet**	[sepet]

LOS VERBOS
MÁS IMPORTANTES

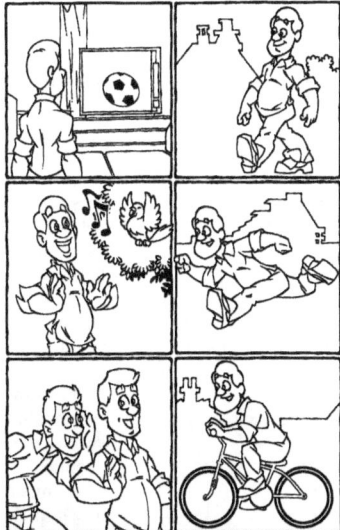

T&P Books Publishing

abrir (vt)	**açmak**	[atʃmak]
acabar, terminar (vt)	**bitirmek**	[bitirmek]
aconsejar (vt)	**tavsiye etmek**	[tavsije etmek]
adivinar (vt)	**tahmin etmek**	[tahmin etmek]
advertir (vt)	**uyarmak**	[ujarmak]
alabarse, jactarse (vr)	**övünmek**	[øvynmek]
almorzar (vi)	**öğle yemeği yemek**	[ø:le jemei jemek]
alquilar (~ una casa)	**kiralamak**	[kiralamak]
amenazar (vt)	**tehdit etmek**	[tehdit etmek]
arrepentirse (vr)	**üzülmek**	[yzylmek]
ayudar (vt)	**yardım etmek**	[jardım etmek]
bañarse (vr)	**suya girmek**	[suja girmek]
bromear (vi)	**şaka yapmak**	[ʃaka japmak]
buscar (vt)	**aramak**	[aramak]
caer (vi)	**düşmek**	[dyʃmek]
callarse (vr)	**susmak**	[susmak]
cambiar (vt)	**değiştirmek**	[deiʃtirmek]
castigar, punir (vt)	**cezalandırmak**	[dʒezalandırmak]
cavar (vt)	**kazmak**	[kazmak]
cazar (vi, vt)	**avlamak**	[avlamak]
cenar (vi)	**akşam yemeği yemek**	[akʃam jemei jemek]
cesar (vt)	**durdurmak**	[durdurmak]
coger (vt)	**tutmak**	[tutmak]
comenzar (vt)	**başlamak**	[baʃlamak]
comparar (vt)	**karşılaştırmak**	[karʃılaʃtırmak]
comprender (vt)	**anlamak**	[anlamak]
confiar (vt)	**güvenmek**	[gyvenmek]
confundir (vt)	**birbirine karıştırmak**	[birbirine karıʃtırmak]
conocer (~ a alguien)	**tanımak**	[tanımak]
contar (vt) (enumerar)	**saymak**	[sajmak]
contar con ...	**... güvenmek**	[gyvenmek]
continuar (vt)	**devam etmek**	[devam etmek]
controlar (vt)	**kontrol etmek**	[kontrol etmek]
correr (vi)	**koşmak**	[koʃmak]
costar (vt)	**değerinde olmak**	[deerinde olmak]
crear (vt)	**oluşturmak**	[oluʃturmak]

14. Los verbos más importantes. Unidad 2

dar (vt)	**vermek**	[vermek]
dar una pista	**ipucu vermek**	[ipudʒu vermek]
decir (vt)	**söylemek**	[søjlemek]
decorar (para la fiesta)	**süslemek**	[syslemek]
defender (vt)	**savunmak**	[savunmak]
dejar caer	**düşürmek**	[dyʃyrmek]
desayunar (vi)	**kahvaltı yapmak**	[kahvaltı japmak]
descender (vi)	**aşağı inmek**	[aʃaı inmek]
dirigir (administrar)	**yönetmek**	[jønetmek]
disculpar (vt)	**affetmek**	[afetmek]
disculparse (vr)	**özür dilemek**	[øzyr dilemek]
discutir (vt)	**tartışmak**	[tartıʃmak]
dudar (vt)	**tereddüt etmek**	[tereddyt etmek]
encontrar (hallar)	**bulmak**	[bulmak]
engañar (vi, vt)	**aldatmak**	[aldatmak]
entrar (vi)	**girmek**	[girmek]
enviar (vt)	**göndermek**	[gøndermek]
equivocarse (vr)	**hata yapmak**	[hata japmak]
escoger (vt)	**seçmek**	[setʃmek]
esconder (vt)	**saklamak**	[saklamak]
escribir (vt)	**yazmak**	[jazmak]
esperar (aguardar)	**beklemek**	[beklemek]
esperar (tener esperanza)	**ummak**	[ummak]
estar (vi)	**olmak**	[olmak]
estar de acuerdo	**razı olmak**	[razı olmak]
estudiar (vt)	**okumak**	[okumak]
exigir (vt)	**talep etmek**	[talep etmek]
existir (vi)	**var olmak**	[var olmak]
explicar (vt)	**izah etmek**	[izah etmek]
faltar (a las clases)	**kaçırmak**	[katʃırmak]
firmar (~ el contrato)	**imzalamak**	[imzalamak]
girar (~ a la izquierda)	**dönmek**	[dønmek]
gritar (vi)	**bağırmak**	[baırmak]
guardar (conservar)	**saklamak**	[saklamak]
gustar (vi)	**hoşlanmak**	[hoʃlanmak]
hablar (vi, vt)	**konuşmak**	[konuʃmak]
hacer (vt)	**yapmak, etmek**	[japmak], [etmek]
informar (vt)	**bilgi vermek**	[bilgi vermek]
insistir (vi)	**ısrar etmek**	[ısrar etmek]
insultar (vt)	**hakaret etmek**	[hakaret etmek]
interesarse (vr)	**ilgilenmek**	[ilgilenmek]

invitar (vt)	davet etmek	[davet etmek]
ir (a pie)	yürümek, gitmek	[jurymek], [gitmek]
jugar (divertirse)	oynamak	[ojnamak]

15. Los verbos más importantes. Unidad 3

leer (vi, vt)	okumak	[okumak]
liberar (ciudad, etc.)	kurtarmak	[kurtarmak]
llamar (por ayuda)	çağırmak	[tʃaɪrmak]
llegar (vi)	gelmek	[gelmek]
llorar (vi)	ağlamak	[aalamak]

matar (vt)	öldürmek	[øldyrmek]
mencionar (vt)	anmak	[anmak]
mostrar (vt)	göstermek	[gøstermek]
nadar (vi)	yüzmek	[juzmek]

negarse (vr)	reddetmek	[reddetmek]
objetar (vt)	itiraz etmek	[itiraz etmek]
observar (vt)	gözlemlemek	[gøzlemlemek]
oír (vt)	duymak	[dujmak]

olvidar (vt)	unutmak	[unutmak]
orar (vi)	dua etmek	[dua etmek]
ordenar (mil.)	emretmek	[emretmek]
pagar (vi, vt)	ödemek	[ødemek]
pararse (vr)	durmak	[durmak]

participar (vi)	katılmak	[katılmak]
pedir (ayuda, etc.)	rica etmek	[ridʒa etmek]
pedir (en restaurante)	sipariş etmek	[sipariʃ etmek]
pensar (vi, vt)	düşünmek	[dyʃynmek]

percibir (ver)	farketmek	[farketmek]
perdonar (vt)	bağışlamak	[baɪʃlamak]
permitir (vt)	izin vermek	[izin vermek]
pertenecer a ...	... ait olmak	[ait olmak]

planear (vt)	planlamak	[planlamak]
poder (v aux)	yapabilmek	[japabilmek]
poseer (vt)	sahip olmak	[sahip olmak]
preferir (vt)	tercih etmek	[terdʒih etmek]
preguntar (vt)	sormak	[sormak]

preparar (la cena)	pişirmek	[piʃirmek]
prever (vt)	beklemek	[beklemek]
probar, tentar (vt)	denemek	[denemek]
prometer (vt)	vaat etmek	[vaat etmek]
pronunciar (vt)	telâffuz etmek	[telafuz etmek]
proponer (vt)	önermek	[ønermek]

quebrar (vt)	kırmak	[kırmak]
quejarse (vr)	şikayet etmek	[ʃikajet etmek]
querer (amar)	sevmek	[sevmek]
querer (desear)	istemek	[istemek]

16. Los verbos más importantes. Unidad 4

recomendar (vt)	tavsiye etmek	[tavsije etmek]
regañar, reprender (vt)	azarlamak	[azarlamak]
reírse (vr)	gülmek	[gylmek]
repetir (vt)	tekrar etmek	[tekrar etmek]
reservar (~ una mesa)	rezerve etmek	[rezerve etmek]
responder (vi, vt)	cevap vermek	[dʒevap vermek]

robar (vt)	çalmak	[tʃalmak]
saber (~ algo mas)	bilmek	[bilmek]
salir (vi)	çıkmak	[tʃɪkmak]
salvar (vt)	kurtarmak	[kurtarmak]
seguir ...	... takip etmek	[takip etmek]
sentarse (vr)	oturmak	[oturmak]

ser (vi)	olmak	[olmak]
ser necesario	gerekmek	[gerekmek]
significar (vt)	anlamına gelmek	[anlamına gelmek]
sonreír (vi)	gülümsemek	[gylymsemek]
sorprenderse (vr)	şaşırmak	[ʃaʃırmak]

subestimar (vt)	değerini bilmemek	[deerini bilmemek]
tener (vt)	sahip olmak	[sahip olmak]
tener hambre	aç olmak	[atʃ olmak]
tener miedo	korkmak	[korkmak]

tener prisa	acele etmek	[adʒele etmek]
tener sed	susamak	[susamak]
tirar, disparar (vi)	ateş etmek	[ateʃ etmek]
tocar (con las manos)	ellemek	[ellemek]
tomar (vt).	almak	[almak]
tomar nota	not almak	[not almak]

trabajar (vi)	çalışmak	[tʃalıʃmak]
traducir (vt)	çevirmek	[tʃevirmek]
unir (vt)	birleştirmek	[birleʃtirmek]
vender (vt)	satmak	[satmak]
ver (vt)	görmek	[gørmek]
volar (pájaro, avión)	uçmak	[utʃmak]

T&P BOOKS

LA HORA. EL CALENDARIO

T&P Books Publishing

17. Los días de la semana

lunes (m)	**Pazartesi**	[pazartesi]
martes (m)	**Salı**	[salı]
miércoles (m)	**Çarşamba**	[tʃarʃamba]
jueves (m)	**Perşembe**	[perʃembe]
viernes (m)	**Cuma**	[dʒuma]
sábado (m)	**Cumartesi**	[dʒumartesi]
domingo (m)	**Pazar**	[pazar]
hoy (adv)	**bugün**	[bugyn]
mañana (adv)	**yarın**	[jarın]
pasado mañana	**öbür gün**	[øbyr gyn]
ayer (adv)	**dün**	[dyn]
anteayer (adv)	**evvelki gün**	[evvelki gyn]
día (m)	**gün**	[gyn]
día (m) de trabajo	**iş günü**	[iʃ gyny]
día (m) de fiesta	**bayram günü**	[bajram gyny]
día (m) de descanso	**tatil günü**	[tatil gyny]
fin (m) de semana	**hafta sonu**	[hafta sonu]
todo el día	**bütün gün**	[bytyn gyn]
al día siguiente	**ertesi gün**	[ertesi gyn]
dos días atrás	**iki gün önce**	[iki gyn øndʒe]
en vísperas (adv)	**bir gün önce**	[bir gyn øndʒe]
diario (adj)	**günlük**	[gynlyk]
cada día (adv)	**her gün**	[her gyn]
semana (f)	**hafta**	[hafta]
semana (f) pasada	**geçen hafta**	[getʃen hafta]
semana (f) que viene	**gelecek hafta**	[geldʒek hafta]
semanal (adj)	**haftalık**	[haftalık]
cada semana (adv)	**her hafta**	[her hafta]
2 veces por semana	**haftada iki kez**	[haftada iki kez]
todos los martes	**her Salı**	[her salı]

18. Las horas. El día y la noche

mañana (f)	**sabah**	[sabah]
por la mañana	**sabahleyin**	[sabahlejin]
mediodía (m)	**öğle, gün ortası**	[ø:le], [gyn ortası]
por la tarde	**öğleden sonra**	[ø:leden sonra]
noche (f)	**akşam**	[akʃam]

por la noche	akşamleyin	[akʃamlejin]
noche (f) (p.ej. 2:00 a.m.)	gece	[gedʒe]
por la noche	geceleyin	[gedʒelejin]
medianoche (f)	gece yarısı	[gedʒe jarısı]

segundo (m)	saniye	[sanije]
minuto (m)	dakika	[dakika]
hora (f)	saat	[saat]
media hora (f)	yarım saat	[jarım saat]
cuarto (m) de hora	çeyrek saat	[tʃejrek saat]
quince minutos	on beş dakika	[on beʃ dakika]
veinticuatro horas	yirmi dört saat	[jirmi dørt saat]

salida (f) del sol	güneşin doğuşu	[gyneʃin douʃu]
amanecer (m)	şafak	[ʃafak]
madrugada (f)	sabah erken	[sabah erken]
puesta (f) del sol	güneş batışı	[gyneʃ batıʃı]

de madrugada	sabahın erken saatlerinde	[sabahın erken saatlerinde]
esta mañana	bu sabah	[bu sabah]
mañana por la mañana	yarın sabah	[jarın sabah]

esta tarde	bu ikindi	[bu ikindi]
por la tarde	öğleden sonra	[ø:leden sonra]
mañana por la tarde	yarın öğleden sonra	[jarın ø:leden sonra]

| esta noche (p.ej. 8:00 p.m.) | bu akşam | [bu akʃam] |
| mañana por la noche | yarın akşam | [jarın akʃam] |

a las tres en punto	tam saat üçte	[tam saat ytʃte]
a eso de las cuatro	saat dört civarında	[saat dørt dʒivarında]
para las doce	saat on ikiye kadar	[saat on ikije kadar]

dentro de veinte minutos	yirmi dakika içinde	[jirmi dakika itʃinde]
dentro de una hora	bir saat sonra	[bir saat sonra]
a tiempo (adv)	zamanında	[zamanında]

... menos cuarto	çeyrek kala	[tʃejrek kala]
durante una hora	bir saat içinde	[bir saat itʃinde]
cada quince minutos	her on beş dakikada bir	[her on beʃ dakikada bir]
día y noche	gece gündüz	[gedʒe gyndyz]

19. Los meses. Las estaciones

enero (m)	ocak	[odʒak]
febrero (m)	şubat	[ʃubat]
marzo (m)	mart	[mart]
abril (m)	nisan	[nisan]

mayo (m)	**mayıs**	[majıs]
junio (m)	**haziran**	[haziran]
julio (m)	**temmuz**	[temmuz]
agosto (m)	**ağustos**	[austos]
septiembre (m)	**eylül**	[ejlyl]
octubre (m)	**ekim**	[ekim]
noviembre (m)	**kasım**	[kasım]
diciembre (m)	**aralık**	[aralık]
primavera (f)	**ilkbahar**	[ilkbahar]
en primavera	**ilkbaharda**	[ilkbaharda]
de primavera (adj)	**ilkbahar**	[ilkbahar]
verano (m)	**yaz**	[jaz]
en verano	**yazın**	[jazın]
de verano (adj)	**yaz**	[jaz]
otoño (m)	**sonbahar**	[sonbahar]
en otoño	**sonbaharda**	[sonbaharda]
de otoño (adj)	**sonbahar**	[sonbahar]
invierno (m)	**kış**	[kıʃ]
en invierno	**kışın**	[kıʃin]
de invierno (adj)	**kış, kışlık**	[kıʃ], [kıʃlık]
mes (m)	**ay**	[aj]
este mes	**bu ay**	[bu aj]
al mes siguiente	**gelecek ay**	[geledʒek aj]
el mes pasado	**geçen ay**	[getʃen aj]
hace un mes	**bir ay önce**	[bir aj øndʒe]
dentro de un mes	**bir ay sonra**	[bir aj sonra]
dentro de dos meses	**iki ay sonra**	[iki aj sonra]
todo el mes	**tüm ay**	[tym aj]
todo un mes	**bütün ay**	[bytyn aj]
mensual (adj)	**aylık**	[ajlık]
mensualmente (adv)	**ayda bir**	[ajda bir]
cada mes	**her ay**	[her aj]
dos veces por mes	**ayda iki kez**	[ajda iki kez]
año (m)	**yıl, sene**	[jıl], [sene]
este año	**bu sene, bu yıl**	[bu sene], [bu jıl]
el próximo año	**gelecek sene**	[geledʒek sene]
el año pasado	**geçen sene**	[getʃen sene]
hace un año	**bir yıl önce**	[bir jıl øndʒe]
dentro de un año	**bir yıl sonra**	[bir jıl sonra]
dentro de dos años	**iki yıl sonra**	[iki jıl sonra]
todo el año	**tüm yıl**	[tym jıl]
todo un año	**bütün yıl**	[bytyn jıl]
cada año	**her sene**	[her sene]

anual (adj)	yıllık	[jıllık]
anualmente (adv)	her yıl	[her jıl]
cuatro veces por año	yılda dört kere	[jılda dørt kere]
fecha (f) (la ~ de hoy es …)	tarih	[tarih]
fecha (f) (~ de entrega)	tarih	[tarih]
calendario (m)	takvim	[takvim]
medio año (m)	yarım yıl	[jarım jıl]
seis meses	altı ay	[altı aj]
estación (f)	mevsim	[mevsim]
siglo (m)	yüzyıl	[juzjıl]

T&P BOOKS

EL VIAJE. EL HOTEL

USD CAD
EUR CHF
JPY HKD
GBP CNY

RECEPTION

T&P Books Publishing

turismo (m)	turizm	[turizm]
turista (m)	turist	[turist]
viaje (m)	seyahat	[sejahat]
aventura (f)	macera	[madʒera]
viaje (m) (p.ej. ~ en coche)	gezi	[gezi]

vacaciones (f pl)	tatil	[tatil]
estar de vacaciones	izinli olmak	[izinli olmak]
descanso (m)	istirahat	[istirahat]

tren (m)	tren	[tren]
en tren	trenle	[trenle]
avión (m)	uçak	[utʃak]
en avión	uçakla	[utʃakla]
en coche	arabayla	[arabajla]
en barco	gemiyle	[gemijle]

equipaje (m)	bagaj	[bagaʒ]
maleta (f)	bavul	[bavul]
carrito (m) de equipaje	bagaj arabası	[bagaʒ arabası]
pasaporte (m)	pasaport	[pasaport]
visado (m)	vize	[vize]
billete (m)	bilet	[bilet]
billete (m) de avión	uçak bileti	[utʃak bileti]

guía (f) (libro)	rehber	[rehber]
mapa (m)	harita	[harita]
área (f) (~ rural)	alan	[alan]
lugar (m)	yer	[jer]

exotismo (m)	egzotik	[ekzotik]
exótico (adj)	egzotik	[ekzotik]
asombroso (adj)	şaşırtıcı, inanılmaz	[ʃaʃırtıdʒı], [inanılmaz]

grupo (m)	grup	[grup]
excursión (f)	gezi turu	[gezi turu]
guía (m) (persona)	rehber	[rehber]

| hotel (m) | otel | [otel] |
| motel (m) | motel | [motel] |

de tres estrellas	üç yıldızlı	[ytʃ jıldızlı]
de cinco estrellas	beş yıldızlı	[beʃ jıldızlı]
hospedarse (vr)	kalmak	[kalmak]

habitación (f)	oda	[oda]
habitación (f) individual	tek kişilik oda	[tek kiʃilik oda]
habitación (f) doble	iki kişilik oda	[iki kiʃilik oda]
reservar una habitación	oda ayırtmak	[oda aırtmak]

| media pensión (f) | yarım pansiyon | [jarım pansjon] |
| pensión (f) completa | tam pansiyon | [tam pansjon] |

con baño	banyolu	[banjolu]
con ducha	duşlu	[duʃlu]
televisión (f) satélite	uydu televizyonu	[ujdu televizjonu]
climatizador (m)	klima	[klima]
toalla (f)	havlu	[havlu]
llave (f)	anahtar	[anahtar]

administrador (m)	idareci	[idaredʒi]
camarera (f)	oda hizmetlisi	[oda hizmetlisi]
maletero (m)	komi, belboy	[komi], [belboj]
portero (m)	kapıcı	[kapıdʒı]

restaurante (m)	restoran	[restoran]
bar (m)	bar	[bar]
desayuno (m)	kahvaltı	[kahvaltı]
cena (f)	akşam yemeği	[akʃam jemei]
buffet (m) libre	açık büfe	[atʃık byfe]

| vestíbulo (m) | lobi | [lobi] |
| ascensor (m) | asansör | [asansør] |

| NO MOLESTAR | RAHATSIZ ETMEYİN! | [rahatsız etmejin] |
| PROHIBIDO FUMAR | SİGARA İÇİLMEZ | [sigara itʃilmez] |

22. El turismo. La excursión

monumento (m)	anıt	[anıt]
fortaleza (f)	kale	[kale]
palacio (m)	saray	[saraj]
castillo (m)	şato	[ʃato]
torre (f)	kule	[kule]
mausoleo (m)	anıt mezar, mozole	[anıt mezar], [mozole]

arquitectura (f)	mimarlık	[mimarlık]
medieval (adj)	ortaçağ	[ortatʃaa]
antiguo (adj)	antik, eski	[antik], [eski]
nacional (adj)	milli	[milli]
conocido (adj)	meşhur, ünlü	[meʃhur], [ynly]

turista (m)	**turist**	[turist]
guía (m) (persona)	**rehber**	[rehber]
excursión (f)	**gezi**	[gezi]
mostrar (vt)	**göstermek**	[gøstermek]
contar (una historia)	**anlatmak**	[anlatmak]
encontrar (hallar)	**bulmak**	[bulmak]
perderse (vr)	**kaybolmak**	[kajbolmak]
plano (m) (~ de metro)	**harita**	[harita]
mapa (m) (~ de la ciudad)	**harita, plan**	[harita], [plan]
recuerdo (m)	**hediye**	[hedije]
tienda (f) de regalos	**hediyelik eşya mağazası**	[hedijelik eʃa maazası]
hacer fotos	**fotoğraf çekmek**	[fotoraf tʃekmek]
fotografiarse (vr)	**fotoğraf çektirmek**	[fotoraf tʃektirmek]

T&P BOOKS

EL TRANSPORTE

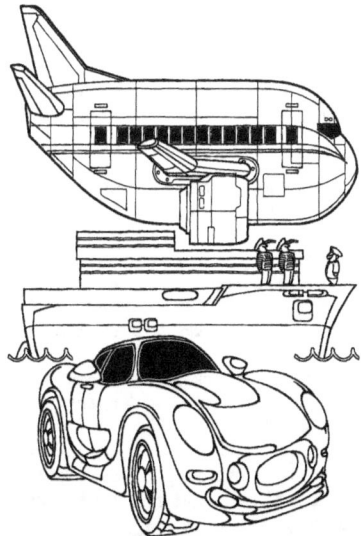

T&P Books Publishing

23. El aeropuerto

aeropuerto (m)	havaalanı	[havaalanı]
avión (m)	uçak	[utʃak]
compañía (f) aérea	hava yolları şirketi	[hava jolları ʃirketi]
controlador (m) aéreo	hava trafik kontrolörü	[hava trafik kontroløry]
despegue (m)	kalkış	[kalkıʃ]
llegada (f)	varış	[varıʃ]
llegar (en avión)	varmak	[varmak]
hora (f) de salida	kalkış saati	[kalkıʃ saati]
hora (f) de llegada	iniş saati	[iniʃ saati]
retrasarse (vr)	gecikmek	[gedʒikmek]
retraso (m) de vuelo	gecikme	[gedʒikme]
pantalla (f) de información	bilgi panosu	[bilgi panosu]
información (f)	danışma	[danıʃma]
anunciar (vt)	duyurmak	[dujurmak]
vuelo (m)	uçuş	[utʃuʃ]
aduana (f)	gümrük	[gymryk]
aduanero (m)	gümrükçü	[gymryktʃu]
declaración (f) de aduana	gümrük beyannamesi	[gymryk bejannamesi]
rellenar (vt)	doldurmak	[doldurmak]
rellenar la declaración	beyanname doldurmak	[bejanname doldurmak]
control (m) de pasaportes	pasaport kontrol	[pasaport kontrol]
equipaje (m)	bagaj	[bagaʒ]
equipaje (m) de mano	el bagajı	[el bagaʒı]
carrito (m) de equipaje	bagaj arabası	[bagaʒ arabası]
aterrizaje (m)	iniş	[iniʃ]
pista (f) de aterrizaje	iniş pisti	[iniʃ pisti]
aterrizar (vi)	inmek	[inmek]
escaleras (f pl) (de avión)	uçak merdiveni	[utʃak merdiveni]
facturación (f) (check-in)	check-in	[tʃek in]
mostrador (m) de facturación	check-in kontuarı	[tʃek-in kontuarı]
hacer el check-in	check-in yapmak	[tʃek in japmak]
tarjeta (f) de embarque	biniş kartı	[biniʃ kartı]
puerta (f) de embarque	çıkış kapısı	[tʃıkıʃ kapısı]
tránsito (m)	transit	[transit]

esperar (aguardar)	beklemek	[beklemek]
zona (f) de preembarque	bekleme salonu	[bekleme salonu]
despedir (vt)	yolcu etmek	[joldʒu etmek]
despedirse (vr)	vedalaşmak	[vedalaʃmak]

24. El avión

avión (m)	uçak	[utʃak]
billete (m) de avión	uçak bileti	[utʃak bileti]
compañía (f) aérea	hava yolları şirketi	[hava jolları ʃirketi]
aeropuerto (m)	havaalanı	[havaalanı]
supersónico (adj)	sesüstü	[sesysty]

comandante (m)	kaptan pilot	[kaptan pilot]
tripulación (f)	ekip	[ekip]
piloto (m)	pilot	[pilot]
azafata (f)	hostes	[hostes]
navegador (m)	seyrüseferci	[sejryseferdʒi]

alas (f pl)	kanatlar	[kanatlar]
cola (f)	kuyruk	[kujruk]
cabina (f)	kabin	[kabin]
motor (m)	motor	[motor]
tren (m) de aterrizaje	iniş takımı	[iniʃ takımı]
turbina (f)	türbin	[tyrbin]

hélice (f)	pervane	[pervane]
caja (f) negra	kara kutu	[kara kutu]
timón (m)	kumanda kolu	[kumanda kolu]
combustible (m)	yakıt	[jakıt]
instructivo (m) de seguridad	güvenlik kartı	[gyvenlik kartı]
respirador (m) de oxígeno	oksijen maskesi	[oksiʒen maskesi]
uniforme (m)	üniforma	[yniforma]
chaleco (m) salvavidas	can yeleği	[dʒan jelei]
paracaídas (m)	paraşüt	[paraʃyt]

despegue (m)	havalanma	[havalanma]
despegar (vi)	havalanmak	[havalanmak]
pista (f) de despegue	kalkış pisti	[kalkıʃ pisti]

visibilidad (f)	görüş mesafesi	[gøryʃ mesafesi]
vuelo (m)	uçuş	[utʃuʃ]
altura (f)	yükseklik	[jukseklik]
pozo (m) de aire	hava boşluğu	[hava boʃluu]

asiento (m)	yer	[jer]
auriculares (m pl)	kulaklık	[kulaklık]
mesita (f) plegable	katlanır tepsi	[katlanır tepsi]
ventana (f)	pencere	[pendʒere]
pasillo (m)	koridor	[koridor]

25. El tren

tren (m)	**tren**	[tren]
tren (m) de cercanías	**banliyö treni**	[banlijø treni]
tren (m) rápido	**hızlı tren**	[hızlı tren]
locomotora (f) diésel	**dizel lokomotif**	[dizel lokomotif]
tren (m) de vapor	**buharlı lokomotif**	[buharlı lokomotif]
coche (m)	**vagon**	[vagon]
coche (m) restaurante	**yemekli vagon**	[jemekli vagon]
rieles (m pl)	**raylar**	[rajlar]
ferrocarril (m)	**demir yolu**	[demir jolu]
traviesa (f)	**travers**	[travers]
plataforma (f)	**peron**	[peron]
vía (f)	**hat**	[hat]
semáforo (m)	**semafor**	[semafor]
estación (f)	**istasyon**	[istasjon]
maquinista (m)	**makinist**	[makinist]
maletero (m)	**hamal**	[hamal]
mozo (m) del vagón	**tren hostesi**	[tren hostesi]
pasajero (m)	**yolcu**	[joldʒu]
revisor (m)	**kondüktör**	[kondyktør]
corredor (m)	**koridor**	[koridor]
freno (m) de urgencia	**imdat freni**	[imdat freni]
compartimiento (m)	**kompartıman**	[kompartıman]
litera (f)	**kuşet**	[kuʃet]
litera (f) de arriba	**üst kuşet**	[yst kuʃet]
litera (f) de abajo	**alt kuşet**	[alt kuʃet]
ropa (f) de cama	**yatak takımı**	[jatak takımı]
billete (m)	**bilet**	[bilet]
horario (m)	**tarife**	[tarife]
pantalla (f) de información	**sefer tarifesi**	[sefer tarifesi]
partir (vi)	**kalkmak**	[kalkmak]
partida (f) (del tren)	**kalkış**	[kalkıʃ]
llegar (tren)	**varmak**	[varmak]
llegada (f)	**varış**	[varıʃ]
llegar en tren	**trenle gelmek**	[trenle gelmek]
tomar el tren	**trene binmek**	[trene binmek]
bajar del tren	**trenden inmek**	[trenden inmek]
descarrilamiento (m)	**tren enkazı**	[tren enkazı]
descarrilarse (vr)	**raydan çıkmak**	[rajdan tʃıkmak]
tren (m) de vapor	**buharlı lokomotif**	[buharlı lokomotif]

fogonero (m)	ocakçı	[odʒaktʃɪ]
hogar (m)	ocak	[odʒak]
carbón (m)	kömür	[kømyr]

26. El barco

barco, buque (m)	gemi	[gemi]
navío (m)	tekne	[tekne]

buque (m) de vapor	vapur	[vapur]
motonave (f)	nehir teknesi	[nehir teknesi]
trasatlántico (m)	yolcu gemisi	[joldʒu gemisi]
crucero (m)	kruvazör	[kruvazør]

yate (m)	yat	[jat]
remolcador (m)	römorkör	[rømorkør]
barcaza (f)	mavna	[mavna]
ferry (m)	feribot	[feribot]

velero (m)	yelkenli gemi	[jelkenli gemi]
bergantín (m)	brigantin	[brigantin]

rompehielos (m)	buzkıran	[buzkıran]
submarino (m)	denizaltı	[denizaltı]

bote (m) de remo	kayık	[kajık]
bote (m)	filika	[filika]
bote (m) salvavidas	cankurtaran filikası	[dʒankurtaran filikası]
lancha (f) motora	sürat teknesi	[syrat teknesi]

capitán (m)	kaptan	[kaptan]
marinero (m)	tayfa	[tajfa]
marino (m)	denizci	[denizdʒi]
tripulación (f)	mürettebat	[myrettebat]

contramaestre (m)	lostromo	[lostromo]
grumete (m)	miço	[mitʃo]
cocinero (m) de abordo	gemi aşçısı	[gemi aʃtʃısı]
médico (m) del buque	gemi doktoru	[gemi doktoru]

cubierta (f)	güverte	[gyverte]
mástil (m)	direk	[direk]
vela (f)	yelken	[jelken]

bodega (f)	ambar	[ambar]
proa (f)	geminin baş tarafı	[geminin baʃ tarafı]
popa (f)	kıç	[kıtʃ]
remo (m)	kürek	[kyrek]
hélice (f)	pervane	[pervane]
camarote (m)	kamara	[kamara]

sala (f) de oficiales	subay yemek salonu	[subaj jemek salonu]
sala (f) de máquinas	makine dairesi	[makine dairesi]
puente (m) de mando	kaptan köşkü	[kaptan køʃky]
sala (f) de radio	telsiz odası	[telsiz odası]
onda (f)	dalga	[dalga]
cuaderno (m) de bitácora	gemi jurnali	[gemi ʒurnalı]

anteojo (m)	tek dürbün	[tek dyrbyn]
campana (f)	çan	[ʧan]
bandera (f)	bayrak	[bajrak]

| cabo (m) (maroma) | halat | [halat] |
| nudo (m) | düğüm | [dyjum] |

| pasamano (m) | vardavela | [vardavela] |
| pasarela (f) | lombar ağzı | [lombar aazı] |

ancla (f)	çapa, demir	[ʧapa], [demir]
levar ancla	demir almak	[demir almak]
echar ancla	demir atmak	[demir atmak]
cadena (f) del ancla	çapa zinciri	[ʧapa zindʒiri]

puerto (m)	liman	[liman]
embarcadero (m)	iskele, rıhtım	[iskele], [rıhtım]
amarrar (vt)	yanaşmak	[janaʃmak]
desamarrar (vt)	iskeleden ayrılmak	[iskeleden ajrılmak]

viaje (m)	seyahat	[sejahat]
crucero (m) (viaje)	gemi turu	[gemi turu]
derrota (f) (rumbo)	rota	[rota]
itinerario (m)	rota	[rota]

canal (m) navegable	güvenli geçiş koridoru	[gyvenli geʧiʃ koridoru]
bajío (m)	sığlık	[sıılık]
encallar (vi)	karaya oturmak	[karaja oturmak]

tempestad (f)	fırtına	[fırtına]
señal (f)	sinyal	[sinjal]
hundirse (vr)	batmak	[batmak]
¡Hombre al agua!	Denize adam düştü!	[denize adam dyʃty]
SOS	SOS	[es o es]
aro (m) salvavidas	can simidi	[dʒan simidi]

BOOKS

LA CIUDAD

T&P Books Publishing

autobús (m)	otobüs	[otobys]
tranvía (m)	tramvay	[tramvaj]
trolebús (m)	troleybüs	[trolejbys]
itinerario (m)	rota	[rota]
número (m)	numara	[numara]
ir en ...	... gitmek	[gitmek]
tomar (~ el autobús)	... binmek	[binmek]
bajar (~ del tren)	... inmek	[inmek]
parada (f)	durak	[durak]
próxima parada (f)	sonraki durak	[sonraki durak]
parada (f) final	son durak	[son durak]
horario (m)	tarife	[tarife]
esperar (aguardar)	beklemek	[beklemek]
billete (m)	bilet	[bilet]
precio (m) del billete	bilet fiyatı	[bilet fijatı]
cajero (m)	kasiyer	[kasijer]
control (m) de billetes	bilet kontrolü	[bilet kontroly]
revisor (m)	kondüktör	[kondyktør]
llegar tarde (vi)	gecikmek	[gedʒikmek]
perder (~ el tren)	kaçırmak	[katʃırmak]
tener prisa	acele etmek	[adʒele etmek]
taxi (m)	taksi	[taksi]
taxista (m)	taksici	[taksidʒi]
en taxi	taksiyle	[taksijle]
parada (f) de taxi	taksi durağı	[taksi duraı]
llamar un taxi	taksi çağırmak	[taksi tʃaırmak]
tomar un taxi	taksi tutmak	[taksi tutmak]
tráfico (m)	trafik	[trafik]
atasco (m)	trafik sıkışıklığı	[trafik sıkıʃıklıı]
horas (f pl) de punta	işe gidiş-geliş saati	[iʃe gidiʃ-geliʃ saati]
aparcar (vi)	park etmek	[park etmek]
aparcar (vt)	park etmek	[park etmek]
aparcamiento (m)	park yeri	[park jeri]
metro (m)	metro	[metro]
estación (f)	istasyon	[istasjon]
ir en el metro	metroya binmek	[metroja binmek]

| tren (m) | tren | [tren] |
| estación (f) | tren istasyonu | [tren istasjonu] |

28. La ciudad. La vida en la ciudad

ciudad (f)	kent, şehir	[kent], [ʃehir]
capital (f)	başkent	[baʃkent]
aldea (f)	köy	[køj]

plano (m) de la ciudad	şehir haritası	[ʃehir haritası]
centro (m) de la ciudad	şehir merkezi	[ʃehir merkezi]
suburbio (m)	varoş	[varoʃ]
suburbano (adj)	banliyö	[banljø]

arrabal (m)	kenar mahalleler	[kenar mahalleler]
afueras (f pl)	çevre	[ʧevre]
barrio (m)	mahalle	[mahale]
zona (f) de viviendas	yerleşim bölgesi	[jerleʃim bølgesi]

tráfico (m)	trafik	[trafik]
semáforo (m)	trafik ışıkları	[trafik ıʃıkları]
transporte (m) urbano	toplu taşıma	[toplu taʃıma]
cruce (m)	kavşak	[kavʃak]

paso (m) de peatones	yaya geçidi	[jaja geʧidi]
paso (m) subterráneo	yeraltı geçidi	[jeraltı geʧidi]
cruzar (vt)	karşıya geçmek	[karʃija geʧmek]
peatón (m)	yaya	[jaja]
acera (f)	yaya kaldırımı	[jaja kaldırımı]

puente (m)	köprü	[køpry]
muelle (m)	bent, set	[bent], [set]
fuente (f)	çeşme	[ʧeʃme]

alameda (f)	park yolu	[park jolu]
parque (m)	park	[park]
bulevar (m)	bulvar	[bulvar]
plaza (f)	meydan	[mejdan]
avenida (f)	geniş cadde	[geniʃ ʤadde]
calle (f)	sokak, cadde	[sokak], [ʤadde]
callejón (m)	ara sokak	[ara sokak]
callejón (m) sin salida	çıkmaz sokak	[ʧıkmaz sokak]

casa (f)	ev	[ev]
edificio (m)	bina	[bina]
rascacielos (m)	gökdelen	[gøkdelen]

fachada (f)	cephe	[ʤephe]
techo (m)	çatı	[ʧatı]
ventana (f)	pencere	[penʤere]

113

arco (m)	kemer	[kemer]
columna (f)	sütün	[sytyn]
esquina (f)	köşe	[køʃe]

escaparate (f)	vitrin	[vitrin]
letrero (m) (~ luminoso)	tabela	[tabela]
cartel (m)	afiş	[afiʃ]
cartel (m) publicitario	reklam posteri	[reklam posteri]
valla (f) publicitaria	reklam panosu	[reklam panosu]

basura (f)	çöp, atık	[ʧøp], [atık]
cajón (m) de basura	çöp kutusu	[ʧøp kutusu]
tirar basura	çevreyi kirletmek	[ʧevreji kirletmek]
basurero (m)	çöplük	[ʧøplyk]

cabina (f) telefónica	telefon kulübesi	[telefon kylybesi]
farola (f)	lamba direği	[lamba direi]
banco (m) (del parque)	bank	[bank]

policía (m)	polis memuru	[polis memuru]
policía (f) (~ nacional)	polis	[polis]
mendigo (m)	dilenci	[dilenʤi]
persona (f) sin hogar	sokakta yaşayan kişi	[sokakta jaʃajan kiʃi]

29. Las instituciones urbanas

tienda (f)	mağaza	[maaza]
farmacia (f)	eczane	[eʤzane]
óptica (f)	gözlükçü, optik	[gøzlykʧy], [optik]
centro (m) comercial	alışveriş merkezi	[alıʃveriʃ merkezi]
supermercado (m)	süpermarket	[sypermarket]

panadería (f)	fırın	[fırın]
panadero (m)	fırıncı	[fırınʤı]
pastelería (f)	pastane	[pastane]
tienda (f) de comestibles	bakkaliye	[bakkalije]
carnicería (f)	kasap dükkanı	[kasap dykkanı]

| verdulería (f) | manav | [manav] |
| mercado (m) | çarşı, pazar | [ʧarʃı], [pazar] |

cafetería (f)	kahvehane	[kahvehane]
restaurante (m)	restoran	[restoran]
cervecería (f)	birahane	[birahane]
pizzería (f)	pizzacı	[pizaʤı]

peluquería (f)	kuaför salonu	[kuafør salonu]
oficina (f) de correos	postane	[postane]
tintorería (f)	kuru temizleme	[kuru temizleme]
estudio (m) fotográfico	fotoğraf stüdyosu	[fotoraf stydjosu]

zapatería (f)	ayakkabı mağazası	[ajakkabı maazası]
librería (f)	kitabevi	[kitabevi]
tienda (f) deportiva	spor mağazası	[spor maazası]

arreglos (m pl) de ropa	giysi onarım dükkanı	[gijsi onarım dykkanı]
alquiler (m) de ropa	giysi kiralama dükkanı	[gijsi kiralama dykkanı]
videoclub (m)	film kiralama mağazası	[film kiralama maazası]

circo (m)	sirk	[sirk]
zoológico (m)	hayvanat bahçesi	[hajvanat bahtʃesi]
cine (m)	sinema	[sinema]
museo (m)	müze	[myze]
biblioteca (f)	kütüphane	[kytyphane]

teatro (m)	tiyatro	[tijatro]
ópera (f)	opera	[opera]
club (m) nocturno	gece kulübü	[gedʒe kulyby]
casino (m)	kumarhane	[kumarhane]

mezquita (f)	cami	[dʒami]
sinagoga (f)	sinagog	[sinagog]
catedral (f)	katedral	[katedral]
templo (m)	tapınak	[tapınak]
iglesia (f)	kilise	[kilise]

instituto (m)	yüksekokul, üniversite	[juksekokul], [yniversite]
universidad (f)	üniversite	[yniversite]
escuela (f)	okul	[okul]

prefectura (f)	valilik	[valilik]
alcaldía (f)	belediye binası	[beledije binası]
hotel (m)	otel	[otel]
banco (m)	banka	[banka]

embajada (f)	elçilik	[eltʃilik]
agencia (f) de viajes	seyahat acentesi	[sejahat adʒentesi]
oficina (f) de información	danışma bürosu	[danıʃma byrosu]
oficina (f) de cambio	döviz bürosu	[døviz byrosu]

metro (m)	metro	[metro]
hospital (m)	hastane	[hastane]

gasolinera (f)	benzin istasyonu	[benzin istasjonu]
aparcamiento (m)	park yeri	[park jeri]

30. Los avisos

letrero (m) (~ luminoso)	tabela	[tabela]
cartel (m) (texto escrito)	uyarı yazısı	[ujarı jazısı]
pancarta (f)	poster, afiş	[poster], [afiʃ]

| señal (m) de dirección | yön tabelası | [jøn tabelası] |
| flecha (f) (signo) | ok işareti | [ok iʃareti] |

advertencia (f)	ikaz, uyarı	[ikaz], [ujarı]
aviso (m)	uyarı işareti	[ujarı iʃareti]
advertir (vt)	uyarmak	[ujarmak]

día (m) de descanso	tatil günü	[tatil gyny]
horario (m)	tarife	[tarife]
horario (m) de apertura	çalışma saatleri	[tʃalıʃma saatleri]

¡BIENVENIDOS!	HOŞ GELDİNİZ	[hoʃ geldiniz]
ENTRADA	GİRİŞ	[giriʃ]
SALIDA	ÇIKIŞ	[tʃıkıʃ]

EMPUJAR	İTİNİZ	[itiniz]
TIRAR	ÇEKİNİZ	[tʃekiniz]
ABIERTO	AÇIK	[atʃık]
CERRADO	KAPALI	[kapalı]

| MUJERES | BAYAN | [bajan] |
| HOMBRES | BAY | [baj] |

REBAJAS	İNDİRİM	[indirim]
SALDOS	UCUZLUK	[udʒuzluk]
NOVEDAD	YENİ	[jeni]
GRATIS	BEDAVA	[bedava]

¡ATENCIÓN!	DİKKAT!	[dikkat]
COMPLETO	BOŞ YER YOK	[boʃ jer jok]
RESERVADO	REZERVE	[rezerve]

ADMINISTRACIÓN	MÜDÜRİYET	[mydyrijet]
SÓLO PERSONAL	PERSONEL HARİCİ	[personel haridʒi
AUTORIZADO	GİREMEZ	giremez]

| CUIDADO | DİKKAT KÖPEK VAR | [dikkat køpek var] |
| CON EL PERRO | | |

| PROHIBIDO FUMAR | SİGARA İÇİLMEZ | [sigara itʃilmez] |
| NO TOCAR | DOKUNMAK YASAKTIR | [dokunmak jasaktır] |

PELIGROSO	TEHLİKELİ	[tehlikeli]
PELIGRO	TEHLİKE	[tehlike]
ALTA TENSIÓN	YÜKSEK GERİLİM	[juksek gerilim]
PROHIBIDO BAÑARSE	SUYA GİRMEK	[suja girmek
	YASAKTIR	jasaktır]

| NO FUNCIONA | HİZMET DIŞI | [hizmet dıʃı] |

INFLAMABLE	YANICI MADDE	[janidʒi madde]
PROHIBIDO	YASAKTIR	[jasaktır]
PROHIBIDO EL PASO	GİRMEK YASAKTIR	[girmek jasaktır]
RECIÉN PINTADO	DİKKAT ISLAK BOYA	[dikkat ıslak boja]

31. Las compras

comprar (vt)	**satın almak**	[satın almak]
compra (f)	**alım**	[alım]
hacer compras	**alışverişe gitmek**	[alıʃveriʃe gitmek]
compras (f pl)	**alışveriş**	[alıʃveriʃ]
estar abierto (tienda)	**çalışmak**	[ʧalıʃmak]
estar cerrado	**kapanmak**	[kapanmak]
calzado (m)	**ayakkabı**	[ajakkabı]
ropa (f)	**elbise**	[elbise]
cosméticos (m pl)	**kozmetik**	[kozmetik]
productos alimenticios	**gıda ürünleri**	[gıda jurynleri]
regalo (m)	**hediye**	[hedije]
vendedor (m)	**satıcı**	[satıdʒı]
vendedora (f)	**satıcı kadın**	[satıdʒı kadın]
caja (f)	**kasa**	[kasa]
espejo (m)	**ayna**	[ajna]
mostrador (m)	**tezgâh**	[tezgjah]
probador (m)	**deneme kabini**	[deneme kabini]
probar (un vestido)	**prova yapmak**	[prova japmak]
quedar (una ropa, etc.)	**uymak**	[ujmak]
gustar (vi)	**hoşlanmak**	[hoʃlanmak]
precio (m)	**fiyat**	[fijat]
etiqueta (f) de precio	**fiyat etiketi**	[fijat etiketleri]
costar (vt)	**değerinde olmak**	[deerinde olmak]
¿Cuánto?	**Ne kadar?**	[ne kadar]
descuento (m)	**indirim**	[indirim]
no costoso (adj)	**ucuz, masrafsız**	[udʒuz], [masrafsız]
barato (adj)	**ucuz**	[udʒuz]
caro (adj)	**pahalı**	[pahalı]
Es caro	**bu pahalıdır**	[bu pahalıdır]
alquiler (m)	**kiralama**	[kiralama]
alquilar (vt)	**kiralamak**	[kiralamak]
crédito (m)	**kredi**	[kredi]
a crédito (adv)	**krediyle**	[kredijle]

BOOKS

T&P

LA ROPA Y LOS ACCESORIOS

T&P Books Publishing

32. La ropa exterior. Los abrigos

ropa (f)	giysi	[gijsi]
ropa (f) de calle	dış giyim	[dıʃ gijim]
ropa (f) de invierno	kışlık kıyafet	[kıʃlık kıjafet]
abrigo (m)	palto	[palto]
abrigo (m) de piel	kürk manto	[kyrk manto]
abrigo (m) corto de piel	kürk ceket	[kyrk dʒeket]
chaqueta (f) plumón	anorak kaban, parka	[anorak kaban], [parka]
cazadora (f)	ceket	[dʒeket]
impermeable (m)	yağmurluk	[jaamurluk]
impermeable (adj)	su geçirmez	[su getʃirmez]

33. Ropa de hombre y mujer

camisa (f)	gömlek	[gømlek]
pantalones (m pl)	pantolon	[pantolon]
jeans, vaqueros (m pl)	kot pantolon	[kot pantolon]
chaqueta (f), saco (m)	takım elbise ceketi	[takım elbise dʒeketi]
traje (m)	takım elbise	[takım elbise]
vestido (m)	kadın elbisesi	[kadın elbisesi]
falda (f)	etek	[etek]
blusa (f)	gömlek, bluz	[gømlek], [bluz]
rebeca (f),	hırka	[hırka]
chaqueta (f) de punto		
chaqueta (f)	kadın ceketi	[kadın dʒeketi]
camiseta (f) (T-shirt)	tişört	[tiʃørt]
pantalones (m pl) cortos	şort	[ʃort]
traje (m) deportivo	eşofman	[eʃofman]
bata (f) de baño	bornoz	[bornoz]
pijama (m)	pijama	[piʒama]
suéter (m)	süveter	[syveter]
pulóver (m)	pulover	[pulover]
chaleco (m)	yelek	[jelek]
frac (m)	frak	[frak]
esmoquin (m)	smokin	[smokin]
uniforme (m)	üniforma	[yniforma]
ropa (f) de trabajo	iş elbisesi	[iʃ elbisesi]

mono (m)	tulum	[tulum]
bata (f) (p. ej. ~ blanca)	önlük	[ønlyk]

34. La ropa. La ropa interior

ropa (f) interior	iç çamaşırı	[itʃ tʃamaʃırı]
bóxer (m)	şort külot	[ʃort kylot]
bragas (f pl)	bayan külot	[bajan kylot]
camiseta (f) interior	atlet	[atlet]
calcetines (m pl)	kısa çorap	[kısa tʃorap]

camisón (m)	gecelik	[gedʒelik]
sostén (m)	sütyen	[sytjen]
calcetines (m pl) altos	diz hizası çorap	[diz hizası tʃorap]
pantimedias (f pl)	külotlu çorap	[kyløtly tʃorap]
medias (f pl)	diz altı çorap	[diz altı tʃorap]
traje (m) de baño	mayo	[majo]

35. Gorras

gorro (m)	şapka	[ʃapka]
sombrero (m) de fieltro	fötr şapka	[føtr ʃapka]
gorra (f) de béisbol	beyzbol şapkası	[bejzbol ʃapkası]
gorra (f) plana	kasket	[kasket]

boina (f)	bere	[bere]
capuchón (m)	kapüşon	[kapyʃon]
panamá (m)	panama şapka	[panama ʃapka]
gorro (m) de punto	örgü şapka	[ørgy ʃapka]

pañuelo (m)	başörtüsü	[baʃ ørtysy]
sombrero (m) de mujer	kadın şapkası	[kadın ʃapkası]

casco (m) (~ protector)	baret	[baret]
gorro (m) de campaña	talim kepi	[talim kepi]
casco (m) (~ de moto)	kask	[kask]

bombín (m)	melon şapka	[melon ʃapka]
sombrero (m) de copa	silindir şapka	[silindir ʃapka]

36. El calzado

calzado (m)	ayakkabı	[ajakkabı]
botas (f pl)	potin	[potin]
zapatos (m pl) (~ de tacón bajo)	kadın ayakkabısı	[kadın ajakkabısı]

botas (f pl) altas	çizmeler	[tʃizmeler]
zapatillas (f pl)	terlik	[terlik]
tenis (m pl)	tenis ayakkabısı	[tenis ajakkabısı]
zapatillas (f pl) de lona	spor ayakkabısı	[spor ajakkabısı]
sandalias (f pl)	sandalet	[sandalet]
zapatero (m)	ayakkabı tamircisi	[ajakkabı tamirdʒisi]
tacón (m)	topuk	[topuk]
par (m)	bir çift ayakkabı	[bir tʃift ajakkabı]
cordón (m)	ayakkabı bağı, bağcık	[ajakkabı baaı], [baadʒık]
encordonar (vt)	bağlamak	[baalamak]
calzador (m)	ayakkabı çekeceği	[ajakkabı tʃekedʒei]
betún (m)	ayakkabı boyası	[ajakkabı bojası]

37. Accesorios personales

guantes (m pl)	eldiven	[eldiven]
manoplas (f pl)	tek parmaklı eldiven	[tek parmaklı eldiven]
bufanda (f)	atkı	[atkı]
gafas (f pl)	gözlük	[gøzlyk]
montura (f)	çerçeve	[tʃertʃeve]
paraguas (m)	şemsiye	[ʃemsije]
bastón (m)	baston	[baston]
cepillo (m) de pelo	saç fırçası	[satʃ fırtʃası]
abanico (m)	yelpaze	[jelpaze]
corbata (f)	kravat	[kravat]
pajarita (f)	papyon	[papjon]
tirantes (m pl)	pantolon askısı	[pantolon askısı]
moquero (m)	mendil	[mendil]
peine (m)	tarak	[tarak]
pasador (m) de pelo	toka	[toka]
horquilla (f)	firkete	[firkete]
hebilla (f)	kemer tokası	[kemer tokası]
cinturón (m)	kemer	[kemer]
correa (f) (de bolso)	omuz askısı	[omuz askısı]
bolsa (f)	çanta	[tʃanta]
bolso (m)	bayan çantası	[bajan tʃantası]
mochila (f)	sırt çantası	[sırt tʃantası]

38. La ropa. Miscelánea

moda (f)	moda	[moda]
de moda (adj)	modaya uygun	[modaja ujgun]

diseñador (m) de moda	**moda tasarımcısı**	[moda tasarımdʒısı]
cuello (m)	**yaka**	[jaka]
bolsillo (m)	**cep**	[dʒep]
de bolsillo (adj)	**cep**	[dʒep]
manga (f)	**kol**	[kol]
presilla (f)	**asma halkası**	[asma halkası]
bragueta (f)	**pantolon fermuarı**	[pantolon fermuarı]

cremallera (f)	**fermuar**	[fermuar]
cierre (m)	**kopça**	[koptʃa]
botón (m)	**düğme**	[dyjme]
ojal (m)	**düğme iliği**	[dyjme ilii]
saltar (un botón)	**kopmak**	[kopmak]

coser (vi, vt)	**dikmek**	[dikmek]
bordar (vt)	**nakış işlemek**	[nakıʃ iʃlemek]
bordado (m)	**nakış**	[nakıʃ]
aguja (f)	**iğne**	[iine]
hilo (m)	**iplik**	[iplik]
costura (f)	**dikiş**	[dikiʃ]

ensuciarse (vr)	**kirlenmek**	[kirlenmek]
mancha (f)	**leke**	[leke]
arrugarse (vr)	**buruşmak**	[buruʃmak]
rasgar (vt)	**yırtmak**	[jırtmak]
polilla (f)	**güve**	[gyve]

39. Productos personales. Cosméticos

pasta (f) de dientes	**diş macunu**	[diʃ madʒunu]
cepillo (m) de dientes	**diş fırçası**	[diʃ fırtʃası]
limpiarse los dientes	**dişlerini fırçalamak**	[diʃlerini fırtʃalamak]

maquinilla (f) de afeitar	**jilet**	[ʒilet]
crema (f) de afeitar	**tıraş kremi**	[tıraʃ kremi]
afeitarse (vr)	**tıraş olmak**	[tıraʃ olmak]

jabón (m)	**sabun**	[sabun]
champú (m)	**şampuan**	[ʃampuan]

tijeras (f pl)	**makas**	[makas]
lima (f) de uñas	**tırnak törpüsü**	[tırnak tørpysy]
cortaúñas (m pl)	**tırnak makası**	[tırnak makası]
pinzas (f pl)	**cımbız**	[dʒımbız]

cosméticos (m pl)	**kozmetik**	[kozmetik]
mascarilla (f)	**yüz maskesi**	[juz maskesi]
manicura (f)	**manikür**	[manikyr]
hacer la manicura	**manikür yapmak**	[manikyr japmak]
pedicura (f)	**pedikür**	[pedikyr]

bolsa (f) de maquillaje	makyaj çantası	[makjaʒ ʧantası]
polvos (m pl)	yüz pudrası	[juz pudrası]
polvera (f)	pudralık	[pudralık]
colorete (m), rubor (m)	allık	[allık]

perfume (m)	parfüm	[parfym]
agua (f) de tocador	hafif parfüm	[hafif parfym]
loción (f)	losyon	[losjon]
agua (f) de Colonia	parfüm	[parfym]

sombra (f) de ojos	far	[far]
lápiz (m) de ojos	göz kalemi	[gøz kalemi]
rímel (m)	rimel	[rimel]

pintalabios (m)	ruj	[ruʒ]
esmalte (m) de uñas	oje	[oʒe]
fijador (m) para el pelo	saç spreyi	[saʧ spreji]
desodorante (m)	deodorant	[deodorant]

crema (f)	krem	[krem]
crema (f) de belleza	yüz kremi	[juz kremi]
crema (f) de manos	el kremi	[el kremi]
crema (f) antiarrugas	kırışıklık giderici krem	[kırıʃıklık gideridʒi krem]
crema (f) de día	gündüz kremi	[gyndyz krem]
crema (f) de noche	gece kremi	[gedʒe kremi]
de día (adj)	gündüz	[gyndyz]
de noche (adj)	gece	[gedʒe]

tampón (m)	tampon	[tampon]
papel (m) higiénico	tuvalet kağıdı	[tuvalet kaıdı]
secador (m) de pelo	saç kurutma makinesi	[saʧ kurutma makinesi]

40. Los relojes

reloj (m)	kol saati	[kol saati]
esfera (f)	kadran	[kadran]
aguja (f)	akrep, yelkovan	[akrep], [jelkovan]
pulsera (f)	metal kordon	[metal kordon]
correa (f) (del reloj)	saat kayışı	[saat kajıʃı]

pila (f)	pil	[pil]
descargarse (vr)	bitmek	[bitmek]
cambiar la pila	pil değiştirmek	[pil deiʃtirmek]
adelantarse (vr)	ileride olmak	[ileride olmak]
retrasarse (vr)	geride kalmak	[geride kalmak]

reloj (m) de pared	duvar saati	[duvar saati]
reloj (m) de arena	kum saati	[kum saati]
reloj (m) de sol	güneş saati	[gyneʃ saati]
despertador (m)	çalar saat	[ʧalar saat]

| relojero (m) | **saatçi** | [saatʃi] |
| reparar (vt) | **tamir etmek** | [tamir etmek] |

T&P BOOKS

LA EXPERIENCIA DIARIA

T&P Books Publishing

41. El dinero

dinero (m)	**para**	[para]
cambio (m)	**kambiyo**	[kambijo]
curso (m)	**kur**	[kur]
cajero (m) automático	**bankamatik**	[bankamatik]
moneda (f)	**bozuk para**	[bozuk para]
dólar (m)	**dolar**	[dolar]
euro (m)	**avro**	[avro]
lira (f)	**liret**	[liret]
marco (m) alemán	**Alman markı**	[alman markı]
franco (m)	**frank**	[frank]
libra esterlina (f)	**İngiliz sterlini**	[ingiliz sterlini]
yen (m)	**yen**	[jen]
deuda (f)	**borç**	[bortʃ]
deudor (m)	**borçlu**	[bortʃlu]
prestar (vt)	**borç vermek**	[bortʃ vermek]
tomar prestado	**borç almak**	[bortʃ almak]
banco (m)	**banka**	[banka]
cuenta (f)	**hesap**	[hesap]
ingresar (~ en la cuenta)	**para yatırmak**	[para jatırmak]
ingresar en la cuenta	**hesaba para yatırmak**	[hesaba para jatırmak]
sacar de la cuenta	**hesaptan çekmek**	[hesaptan tʃekmek]
tarjeta (f) de crédito	**kredi kartı**	[kredi kartı]
dinero (m) en efectivo	**nakit para**	[nakit para]
cheque (m)	**çek**	[tʃek]
sacar un cheque	**çek yazmak**	[tʃek jazmak]
talonario (m)	**çek defteri**	[tʃek defteri]
cartera (f)	**cüzdan**	[dʒyzdan]
monedero (m)	**bozuk para cüzdanı**	[bozuk para dʒyzdanı]
caja (f) fuerte	**para kasası**	[para kasası]
heredero (m)	**mirasçı**	[mirastʃı]
herencia (f)	**miras**	[miras]
fortuna (f)	**servet, varlık**	[servet], [varlık]
arriendo (m)	**kiralama**	[kiralama]
alquiler (m) (dinero)	**kira**	[kira]
alquilar (~ una casa)	**kiralamak**	[kiralamak]
precio (m)	**fiyat**	[fijat]

coste (m)	maliyet	[malijet]
suma (f)	toplam	[toplam]

gastar (vt)	harcamak	[hardʒamak]
gastos (m pl)	masraflar	[masraflar]
economizar (vi, vt)	idareli kullanmak	[idareli kullanmak]
económico (adj)	hesaplı, ekonomik	[hesaplı], [ekonomik]

pagar (vi, vt)	ödemek	[ødemek]
pago (m)	ödeme	[ødeme]
cambio (m) (devolver el ~)	para üstü	[para justy]

impuesto (m)	vergi	[vergi]
multa (f)	ceza	[dʒeza]
multar (vt)	ceza kesmek	[dʒeza kesmek]

42. La oficina de correos

oficina (f) de correos	postane	[postane]
correo (m) (cartas, etc.)	posta	[posta]
cartero (m)	postacı	[postadʒı]
horario (m) de apertura	çalışma saatleri	[tʃalıʃma saatleri]

carta (f)	mektup	[mektup]
carta (f) certificada	taahhütlü mektup	[ta:hhytly mektup]
tarjeta (f) postal	kartpostal	[kartpostal]
telegrama (m)	telgraf	[telgraf]
paquete (m) postal	koli	[koli]
giro (m) postal	para havalesi	[para havalesi]

recibir (vt)	almak	[almak]
enviar (vt)	göndermek	[gøndermek]
envío (m)	gönderme	[gønderme]
dirección (f)	adres	[adres]
código (m) postal	posta kodu	[posta kodu]
expedidor (m)	gönderen	[gønderen]
destinatario (m)	alıcı	[alıdʒı]

nombre (m)	ad, isim	[ad], [isim]
apellido (m)	soyadı	[sojadı]

tarifa (f)	posta gönderim tarifesi	[posta gønderim tarifesi]
ordinario (adj)	standart	[standart]
económico (adj)	ekonomik	[ekonomik]

peso (m)	ağırlık	[aırlık]
pesar (~ una carta)	tartmak	[tartmak]
sobre (m)	zarf	[zarf]
sello (m)	pul	[pul]
poner un sello	pul yapıştırmak	[pul japıʃtırmak]

43. La banca

banco (m)	banka	[banka]
sucursal (f)	banka şubesi	[banka ʃubesı]
consultor (m)	banka memuru	[banka memuru]
gerente (m)	yönetici	[jønetiʤi]
cuenta (f)	banka hesabı	[banka hesabı]
numero (m) de la cuenta	hesap numarası	[hesap numarası]
cuenta (f) corriente	çek hesabı	[ʧek hesabı]
cuenta (f) de ahorros	mevduat hesabı	[mevduat hesabı]
abrir una cuenta	hesap açmak	[hesap atʃmak]
cerrar la cuenta	hesap kapatmak	[hesap kapatmak]
ingresar en la cuenta	hesaba para yatırmak	[hesaba para jatırmak]
sacar de la cuenta	hesaptan çekmek	[hesaptan ʧekmek]
depósito (m)	mevduat	[mevduat]
hacer un depósito	depozito vermek	[depozito vermek]
giro (m) bancario	havale	[havale]
hacer un giro	havale etmek	[havale etmek]
suma (f)	toplam	[toplam]
¿Cuánto?	Kaç?	[kaʧ]
firma (f) (nombre)	imza	[imza]
firmar (vt)	imzalamak	[imzalamak]
tarjeta (f) de crédito	kredi kartı	[kredi kartı]
código (m)	kod	[kod]
número (m) de tarjeta de crédito	kredi kartı numarası	[kredi kartı numarası]
cajero (m) automático	bankamatik	[bankamatik]
cheque (m)	çek	[ʧek]
sacar un cheque	çek yazmak	[ʧek jazmak]
talonario (m)	çek defteri	[ʧek defteri]
crédito (m)	kredi	[kredi]
pedir el crédito	krediye başvurmak	[kredije baʃvurmak]
obtener un crédito	kredi almak	[kredi almak]
conceder un crédito	kredi vermek	[kredi vermek]
garantía (f)	garanti	[garanti]

44. El teléfono. Las conversaciones telefónicas

| teléfono (m) | telefon | [telefon] |
| teléfono (m) móvil | cep telefonu | [ʤep telefonu] |

contestador (m)	telesekreter	[telesekreter]
llamar, telefonear	telefonla aramak	[telefonla aramak]
llamada (f)	arama, görüşme	[arama], [gøryʃme]

marcar un número	numarayı çevirmek	[numarajı ʧevirmek]
¿Sí?, ¿Dígame?	Alo!	[aløj]
preguntar (vt)	sormak	[sormak]
responder (vi, vt)	cevap vermek	[dʒevap vermek]

oír (vt)	duymak	[dujmak]
bien (adv)	iyi	[iji]
mal (adv)	kötü	[køty]
ruidos (m pl)	parazit ses, cızırtı	[parazit ses], [dʒızırtı]

auricular (m)	telefon ahizesi	[telefon ahizesi]
descolgar (el teléfono)	telefonu açmak	[telefonu aʧmak]
colgar el auricular	telefonu kapatmak	[telefonu kapatmak]

ocupado (adj)	meşgul	[meʃgul]
sonar (teléfono)	çalmak	[ʧalmak]
guía (f) de teléfonos	telefon rehberi	[telefon rehberi]

local (adj)	şehiriçi	[ʃehiriʧi]
llamada (f) local	şehiriçi görüşme	[ʃehiriʧi gøryʃme]
de larga distancia	şehirlerarası	[ʃehirlerarası]
llamada (f) de larga distancia	şehirlerarası görüşme	[ʃehirlerarası gøryʃme]
internacional (adj)	uluslararası	[uluslar arası]
llamada (f) internacional	uluslararası görüşme	[uluslararası gøryʃme]

45. El teléfono celular

teléfono (m) móvil	cep telefonu	[dʒep telefonu]
pantalla (f)	ekran	[ekran]
botón (m)	düğme	[dyjme]
tarjeta SIM (f)	SIM kartı	[sim kartı]

pila (f)	pil	[pil]
descargarse (vr)	bitmek	[bitmek]
cargador (m)	şarj cihazı	[ʃarʒ dʒihazı]

menú (m)	menü	[meny]
preferencias (f pl)	ayarlar	[ajarlar]
melodía (f)	melodi	[melodi]
seleccionar (vt)	seçmek	[seʧmek]

calculadora (f)	hesap makinesi	[hesap makinesi]
contestador (m)	sesli mesaj	[sesli mesaʒ]
despertador (m)	çalar saat	[ʧalar saat]
contactos (m pl)	rehber	[rehber]

mensaje (m) de texto	SMS mesajı	[esemes mesaʒı]
abonado (m)	abone	[abone]

46. Los artículos de escritorio. La papelería

bolígrafo (m)	tükenmez kalem	[tykenmez kalem]
pluma (f) estilográfica	dolma kalem	[dolma kalem]

lápiz (m)	kurşun kalem	[kurʃun kalem]
marcador (m)	fosforlu kalem	[fosforlu kalem]
rotulador (m)	keçeli kalem	[ketʃeli kalem]

bloc (m) de notas	not defteri	[not defteri]
agenda (f)	ajanda	[aʒanda]

regla (f)	cetvel	[dʒetvel]
calculadora (f)	hesap makinesi	[hesap makinesi]
goma (f) de borrar	silgi	[silgi]
chincheta (f)	raptiye	[raptije]
clip (m)	ataş	[ataʃ]

cola (f), pegamento (m)	yapıştırıcı	[japıʃtırıdʒı]
grapadora (f)	zımba	[zımba]
perforador (m)	delgeç	[delgetʃ]
sacapuntas (m)	kalemtıraş	[kalem tıraʃ]

47. Los idiomas extranjeros

lengua (f)	dil	[dil]
extranjero (adj)	yabancı	[jabandʒı]
lengua (f) extranjera	yabancı dil	[jabandʒı dil]
estudiar (vt)	öğrenmek	[ø:renmek]
aprender (ingles, etc.)	öğrenmek	[ø:renmek]

leer (vi, vt)	okumak	[okumak]
hablar (vi, vt)	konuşmak	[konuʃmak]
comprender (vt)	anlamak	[anlamak]
escribir (vt)	yazmak	[jazmak]

rápidamente (adv)	hızlı	[hızlı]
lentamente (adv)	yavaş	[javaʃ]
con fluidez (adv)	akıcı bir şekilde	[akıdʒı bir ʃekilde]

reglas (f pl)	kurallar	[kurallar]
gramática (f)	gramer	[gramer]
vocabulario (m)	kelime hazinesi	[kelime hazinesi]
fonética (f)	fonetik	[fonetik]
manual (m)	ders kitabı	[ders kitabı]

diccionario (m)	**sözlük**	[søzlyk]
manual (m) autodidáctico	**kendi kendine öğrenme kitabı**	[kendi kendine ørenme kitabı]
guía (f) de conversación	**konuşma kılavuzu**	[konuʃma kılavuzu]
casete (m)	**kaset**	[kaset]
videocasete (f)	**videokaset**	[videokaset]
disco compacto, CD (m)	**CD**	[sidi]
DVD (m)	**DVD**	[dividi]
alfabeto (m)	**alfabe**	[alfabe]
deletrear (vt)	**hecelemek**	[hedʒelemek]
pronunciación (f)	**telâffuz**	[telafyz]
acento (m)	**aksan**	[aksan]
con acento	**aksan ile**	[aksan ile]
sin acento	**aksansız**	[aksansız]
palabra (f)	**kelime**	[kelime]
significado (m)	**mana, anlam**	[mana], [anlam]
cursos (m pl)	**kurs**	[kurs]
inscribirse (vr)	**yazılmak**	[jazılmak]
profesor (m) (~ de inglés)	**öğretmen**	[ø:retmen]
traducción (f) (proceso)	**çeviri**	[tʃeviri]
traducción (f) (texto)	**tercüme, çeviri**	[terdʒyme], [tʃeviri]
traductor (m)	**çevirmen**	[tʃevirmen]
intérprete (m)	**tercüman**	[terdʒyman]
políglota (m)	**birçok dil bilen**	[birtʃok dil bilen]
memoria (f)	**hafıza**	[hafıza]

LAS COMIDAS.
EL RESTAURANTE

48. Los cubiertos

cuchara (f)	**kaşık**	[kaʃık]
cuchillo (m)	**bıçak**	[bɪtʃak]
tenedor (m)	**çatal**	[tʃatal]
taza (f)	**fincan**	[findʒan]
plato (m)	**tabak**	[tabak]
platillo (m)	**fincan tabağı**	[findʒan tabaı]
servilleta (f)	**peçete**	[petʃete]
mondadientes (m)	**kürdan**	[kyrdan]

49. El restaurante

restaurante (m)	**restoran**	[restoran]
cafetería (f)	**kahvehane**	[kahvehane]
bar (m)	**bar**	[bar]
salón (m) de té	**çay salonu**	[tʃaj salonu]
camarero (m)	**garson**	[garson]
camarera (f)	**kadın garson**	[kadın garson]
barman (m)	**barmen**	[barmen]
carta (f), menú (m)	**menü**	[meny]
carta (f) de vinos	**şarap listesi**	[ʃarap listesi]
reservar una mesa	**masa ayırtmak**	[masa ajırtmak]
plato (m)	**yemek çeşidi**	[jemek tʃeʃidi]
pedir (vt)	**sipariş etmek**	[sipariʃ etmek]
hacer un pedido	**sipariş vermek**	[sipariʃ vermek]
aperitivo (m)	**aperatif**	[aperatif]
entremés (m)	**aperatif, meze**	[aperatif], [meze]
postre (m)	**tatlı**	[tatlı]
cuenta (f)	**hesap**	[hesap]
pagar la cuenta	**hesabı ödemek**	[hesabı ødemek]
dar la vuelta	**para üstü vermek**	[para justy vermek]
propina (f)	**bahşiş**	[bahʃiʃ]

50. Las comidas

comida (f)	**yemek**	[jemek]
comer (vi, vt)	**yemek**	[jemek]

desayuno (m)	kahvaltı	[kahvaltı]
desayunar (vi)	kahvaltı yapmak	[kahvaltı japmak]
almuerzo (m)	öğle yemeği	[ø:le jemei]
almorzar (vi)	öğle yemeği yemek	[ø:le jemei jemek]
cena (f)	akşam yemeği	[akʃam jemei]
cenar (vi)	akşam yemeği yemek	[akʃam jemei jemek]

apetito (m)	iştah	[iʃtah]
¡Que aproveche!	Afiyet olsun!	[afijet olsun]

abrir (vt)	açmak	[atʃmak]
derramar (líquido)	dökmek	[døkmek]
derramarse (líquido)	dökülmek	[døkylmek]

hervir (vi)	kaynamak	[kajnamak]
hervir (vt)	kaynatmak	[kajnatmak]
hervido (agua ~a)	kaynamış	[kajnamıʃ]
enfriar (vt)	serinletmek	[serinletmek]
enfriarse (vr)	soğumak	[soumak]

sabor (m)	tat	[tat]
regusto (m)	ağızda kalan tat	[aızda kalan tat]

adelgazar (vi)	zayıflamak	[zajıflamak]
dieta (f)	rejim, diyet	[reʒim], [dijet]
vitamina (f)	vitamin	[vitamin]
caloría (f)	kalori	[kalori]
vegetariano (m)	vejetaryen kimse	[veʒetarien kimse]
vegetariano (adj)	vejetaryen	[veʒetarien]

grasas (f pl)	yağlar	[jaalar]
proteínas (f pl)	proteinler	[proteinler]
carbohidratos (m pl)	karbonhidratlar	[karbonhidratlar]
loncha (f)	dilim	[dilim]
pedazo (m)	parça	[partʃa]
miga (f)	kırıntı	[kırıntı]

51. Los platos

plato (m)	yemek	[jemek]
cocina (f)	mutfak	[mutfak]
receta (f)	yemek tarifi	[jemek tarifı]
porción (f)	porsiyon	[porsijon]

ensalada (f)	salata	[salata]
sopa (f)	çorba	[tʃorba]

caldo (m)	bulyon	[buljon]
bocadillo (m)	sandviç	[sandvitʃ]
huevos (m pl) fritos	sahanda yumurta	[sahanda jumurta]

| hamburguesa (f) | **hamburger** | [hamburger] |
| bistec (m) | **biftek** | [biftek] |

guarnición (f)	**garnitür**	[garnityr]
espagueti (m)	**spagetti**	[spagetti]
puré (m) de patatas	**patates püresi**	[patates pyresi]
pizza (f)	**pizza**	[pizza]
gachas (f pl)	**lâpa**	[lapa]
tortilla (f) francesa	**omlet**	[omlet]

cocido en agua (adj)	**haşlanmış**	[haʃlanmɯʃ]
ahumado (adj)	**tütsülenmiş, füme**	[tytsylenmiʃ], [fyme]
frito (adj)	**kızartılmış**	[kɯzartɯlmɯʃ]
seco (adj)	**kuru, kurutulmuş**	[kuru], [kurutulmuʃ]
congelado (adj)	**dondurulmuş**	[dondurulmuʃ]
marinado (adj)	**turşu**	[turʃu]

azucarado, dulce (adj)	**tatlı**	[tatlɯ]
salado (adj)	**tuzlu**	[tuzlu]
frío (adj)	**soğuk**	[souk]
caliente (adj)	**sıcak**	[sɯdʒak]
amargo (adj)	**acı**	[adʒɯ]
sabroso (adj)	**tatlı, lezzetli**	[tatlɯ], [lezzetlɯ]

cocer en agua	**haşlamak**	[haʃlamak]
preparar (la cena)	**pişirmek**	[piʃirmek]
freír (vt)	**kızartmak**	[kɯzartmak]
calentar (vt)	**ısıtmak**	[ɯsɯtmak]

salar (vt)	**tuzlamak**	[tuzlamak]
poner pimienta	**biberlemek**	[biberlemek]
rallar (vt)	**rendelemek**	[rendelemek]
piel (f)	**kabuk**	[kabuk]
pelar (vt)	**soymak**	[sojmak]

52. La comida

carne (f)	**et**	[et]
gallina (f)	**tavuk eti**	[tavuk eti]
pollo (m)	**piliç**	[pilitʃ]
pato (m)	**ördek**	[ørdek]
ganso (m)	**kaz**	[kaz]
caza (f) menor	**av hayvanları**	[av hajvanlarɯ]
pava (f)	**hindi**	[hindi]

carne (f) de cerdo	**domuz eti**	[domuz eti]
carne (f) de ternera	**dana eti**	[dana eti]
carne (f) de carnero	**koyun eti**	[kojun eti]
carne (f) de vaca	**sığır eti**	[sɯɯr eti]
conejo (m)	**tavşan eti**	[tavʃan eti]

salchichón (m)	sucuk, sosis	[sudʒuk], [sosis]
salchicha (f)	sosis	[sosis]
beicon (m)	domuz pastırması	[domuz pastırması]
jamón (m)	jambon	[ʒambon]
jamón (m) fresco	tütsülenmiş jambon	[tytsylenmiʃ ʒambon]
paté (m)	ciğer pate	[dʒier pate]
hígado (m)	ciğer	[dʒier]
carne (f) picada	kıyma	[kıjma]
lengua (f)	dil	[dil]
huevo (m)	yumurta	[jumurta]
huevos (m pl)	yumurtalar	[jumurtalar]
clara (f)	yumurta akı	[jumurta akı]
yema (f)	yumurta sarısı	[jumurta sarısı]
pescado (m)	balık	[balık]
mariscos (m pl)	deniz ürünleri	[deniz yrynleri]
crustáceos (m pl)	kabuklular	[kabuklular]
caviar (m)	havyar	[havjar]
cangrejo (m) de mar	yengeç	[jengetʃ]
camarón (m)	karides	[karides]
ostra (f)	istiridye	[istiridje]
langosta (f)	langust	[langust]
pulpo (m)	ahtapot	[ahtapot]
calamar (m)	kalamar	[kalamar]
esturión (m)	mersin balığı	[mersin balıı]
salmón (m)	somon balığı	[somon balıı]
fletán (m)	pisi balığı	[pisi balıı]
bacalao (m)	morina balığı	[morina balıı]
caballa (f)	uskumru	[uskumru]
atún (m)	ton balığı	[ton balıı]
anguila (f)	yılan balığı	[jılan balıı]
trucha (f)	alabalık	[alabalık]
sardina (f)	sardalye	[sardalje]
lucio (m)	turna balığı	[turna balıı]
arenque (m)	ringa	[ringa]
pan (m)	ekmek	[ekmek]
queso (m)	peynir	[pejnir]
azúcar (m)	şeker	[ʃeker]
sal (f)	tuz	[tuz]
arroz (m)	pirinç	[pirintʃ]
macarrones (m pl)	makarna	[makarna]
tallarines (m pl)	erişte	[eriʃte]
mantequilla (f)	tereyağı	[terejaı]
aceite (m) vegetal	bitkisel yağ	[bitkisel jaa]

aceite (m) de girasol	ayçiçeği yağı	[ajtʃitʃeɪ jaɪ]
margarina (f)	margarin	[margarin]
olivas, aceitunas (f pl)	zeytin	[zejtin]
aceite (m) de oliva	zeytinyağı	[zejtinjaaɪ]
leche (f)	süt	[syt]
leche (f) condensada	yoğunlaştırılmış süt	[jounlaʃtɪrɪlmɪʃ syt]
yogur (m)	yoğurt	[jourt]
nata (f) agria	ekşi krema	[ekʃi krema]
nata (f) líquida	süt kaymağı	[syt kajmaɪ]
mayonesa (f)	mayonez	[majonez]
crema (f) de mantequilla	krema	[krema]
cereales (m pl) integrales	kırma hububat	[kırma hububat]
harina (f)	un	[un]
conservas (f pl)	konserve	[konserve]
copos (m pl) de maíz	mısır gevreği	[mısır gevrei]
miel (f)	bal	[bal]
confitura (f)	reçel	[retʃel]
chicle (m)	sakız, çiklet	[sakız], [tʃiklet]

53. Las bebidas

agua (f)	su	[su]
agua (f) potable	içme suyu	[itʃme suju]
agua (f) mineral	maden suyu	[maden suju]
sin gas	gazsız	[gazsız]
gaseoso (adj)	gazlı	[gazlı]
con gas	maden	[maden]
hielo (m)	buz	[buz]
con hielo	buzlu	[buzlu]
sin alcohol	alkolsüz	[alkolsyz]
bebida (f) sin alcohol	alkolsüz içki	[alkolsyz itʃki]
refresco (m)	soğuk meşrubat	[souk meʃrubat]
limonada (f)	limonata	[limonata]
bebidas (f pl) alcohólicas	alkollü içkiler	[alkolly itʃkiler]
vino (m)	şarap	[ʃarap]
vino (m) blanco	beyaz şarap	[bejaz ʃarap]
vino (m) tinto	kırmızı şarap	[kırmızı ʃarap]
licor (m)	likör	[likør]
champaña (f)	şampanya	[ʃampanja]
vermú (m)	vermut	[vermut]
whisky (m)	viski	[viski]

vodka (m)	**votka**	[votka]
ginebra (f)	**cin**	[dʒin]
coñac (m)	**konyak**	[konjak]
ron (m)	**rom**	[rom]
café (m)	**kahve**	[kahve]
café (m) solo	**sade kahve**	[sade kahve]
café (m) con leche	**sütlü kahve**	[sytly kahve]
capuchino (m)	**kapuçino**	[kaputʃino]
café (m) soluble	**hazır kahve**	[hazır kahve]
leche (f)	**süt**	[syt]
cóctel (m)	**kokteyl**	[koktejl]
batido (m)	**milkshake, sütlü içecek**	[milkshake], [sytly itʃedʒek]
zumo (m), jugo (m)	**meyve suyu**	[mejve suju]
jugo (m) de tomate	**domates suyu**	[domates suju]
zumo (m) de naranja	**portakal suyu**	[portakal suju]
zumo (m) fresco	**taze meyve suyu**	[taze mejve suju]
cerveza (f)	**bira**	[bira]
cerveza (f) rubia	**hafif bira**	[hafif bira]
cerveza (f) negra	**siyah bira**	[sijah bira]
té (m)	**çay**	[tʃaj]
té (m) negro	**siyah çay**	[sijah tʃaj]
té (m) verde	**yeşil çay**	[jeʃil tʃaj]

54. Las verduras

legumbres (f pl)	**sebze**	[sebze]
verduras (f pl)	**yeşillik**	[jeʃilik]
tomate (m)	**domates**	[domates]
pepino (m)	**salatalık**	[salatalık]
zanahoria (f)	**havuç**	[havutʃ]
patata (f)	**patates**	[patates]
cebolla (f)	**soğan**	[soan]
ajo (m)	**sarımsak**	[sarımsak]
col (f)	**lahana**	[lahana]
coliflor (f)	**karnabahar**	[karnabahar]
col (f) de Bruselas	**Brüksel lâhanası**	[bryksel lahanası]
brócoli (m)	**brokoli**	[brokoli]
remolacha (f)	**pancar**	[pandʒar]
berenjena (f)	**patlıcan**	[patlıdʒan]
calabacín (m)	**sakız kabağı**	[sakız kabaı]
calabaza (f)	**kabak**	[kabak]
nabo (m)	**şalgam**	[ʃalgam]

perejil (m)	**maydanoz**	[majdanoz]
eneldo (m)	**dereotu**	[dereotu]
lechuga (f)	**marul**	[marul]
apio (m)	**kereviz**	[kereviz]
espárrago (m)	**kuşkonmaz**	[kuʃkonmaz]
espinaca (f)	**ıspanak**	[ıspanak]
guisante (m)	**bezelye**	[bezelje]
habas (f pl)	**fasulye**	[fasulje]
maíz (m)	**mısır**	[mısır]
fréjol (m)	**barbunya**	[barbunja]
pimiento (m) dulce	**dolma biber**	[dolma biber]
rábano (m)	**turp**	[turp]
alcachofa (f)	**enginar**	[enginar]

55. Las frutas. Las nueces

fruto (m)	**meyve**	[mejve]
manzana (f)	**elma**	[elma]
pera (f)	**armut**	[armut]
limón (m)	**limon**	[limon]
naranja (f)	**portakal**	[portakal]
fresa (f)	**çilek**	[tʃilek]
mandarina (f)	**mandalina**	[mandalina]
ciruela (f)	**erik**	[erik]
melocotón (m)	**şeftali**	[ʃeftali]
albaricoque (m)	**kayısı**	[kajısı]
frambuesa (f)	**ahududu**	[ahududu]
piña (f)	**ananas**	[ananas]
banana (f)	**muz**	[muz]
sandía (f)	**karpuz**	[karpuz]
uva (f)	**üzüm**	[yzym]
guinda (f)	**vişne**	[viʃne]
cereza (f)	**kiraz**	[kiraz]
melón (m)	**kavun**	[kavun]
pomelo (m)	**greyfurt**	[grejfurt]
aguacate (m)	**avokado**	[avokado]
papaya (f)	**papaya**	[papaja]
mango (m)	**mango**	[mango]
granada (f)	**nar**	[nar]
grosella (f) roja	**kırmızı frenk üzümü**	[kırmızı frenk yzymy]
grosella (f) negra	**kuş üzümü**	[kuʃ yzymy]
grosella (f) espinosa	**bektaşi üzümü**	[bektaʃi yzymy]
arándano (m)	**yaban mersini**	[jaban mersini]
zarzamoras (f pl)	**böğürtlen**	[bøjurtlen]

pasas (f pl)	kuru üzüm	[kuru yzym]
higo (m)	incir	[indʒir]
dátil (m)	hurma	[hurma]

cacahuete (m)	yerfıstığı	[jerfıstıı]
almendra (f)	badem	[badem]
nuez (f)	ceviz	[dʒeviz]
avellana (f)	fındık	[fındık]
nuez (f) de coco	Hindistan cevizi	[hindistan dʒevizi]
pistachos (m pl)	antep fıstığı	[antep fıstıı]

56. El pan. Los dulces

pasteles (m pl)	şekerleme	[ʃekerleme]
pan (m)	ekmek	[ekmek]
galletas (f pl)	kurabiye	[kurabije]

chocolate (m)	çikolata	[tʃikolata]
de chocolate (adj)	çikolatalı	[tʃikolatalı]
caramelo (m)	şekerleme	[ʃekerleme]
tarta (f) (pequeña)	tek kişilik pasta	[tek kiʃilik pasta]
tarta (f) (~ de cumpleaños)	kek, pasta	[kek], [pasta]

| tarta (f) (~ de manzana) | turta | [turta] |
| relleno (m) | iç malzeme | [itʃ malzeme] |

confitura (f)	reçel	[retʃel]
mermelada (f)	marmelat	[marmelat]
gofre (m)	gofret	[gofret]
helado (m)	dondurma	[dondurma]
pudin (m)	muhallebi, puding	[muhallebi], [puding]

57. Las especias

sal (f)	tuz	[tuz]
salado (adj)	tuzlu	[tuzlu]
salar (vt)	tuzlamak	[tuzlamak]

pimienta (f) negra	karabiber	[karabiber]
pimienta (f) roja	kırmızı pul biber	[kırmızı pul biber]
mostaza (f)	hardal	[hardal]
rábano (m) picante	bayırturpu	[bajırturpu]

condimento (m)	çeşni	[tʃeʃni]
especia (f)	baharat	[baharat]
salsa (f)	salça, sos	[saltʃa], [sos]
vinagre (m)	sirke	[sirke]
anís (m)	anason	[anason]

albahaca (f)	**fesleğen**	[fesleen]
clavo (m)	**karanfil**	[karanfil]
jengibre (m)	**zencefil**	[zendʒefil]
cilantro (m)	**kişniş**	[kiʃniʃ]
canela (f)	**tarçın**	[tartʃın]
sésamo (m)	**susam**	[susam]
hoja (f) de laurel	**defne yaprağı**	[defne japraı]
paprika (f)	**kırmızı biber**	[kırmızı biber]
comino (m)	**frenk kimyonu**	[frenk kimjonu]
azafrán (m)	**safran**	[safran]

LA INFORMACIÓN PERSONAL. PERSONAL. LA FAMILIA

58. La información personal. Los formularios

nombre (m)	**ad, isim**	[ad], [isim]
apellido (m)	**soyadı**	[sojadı]
fecha (f) de nacimiento	**doğum tarihi**	[doum tarihi]
lugar (m) de nacimiento	**doğum yeri**	[doum jeri]
nacionalidad (f)	**milliyet**	[millijet]
domicilio (m)	**ikamet yeri**	[ikamet jeri]
país (m)	**ülke**	[ylke]
profesión (f)	**meslek**	[meslek]
sexo (m)	**cinsiyet**	[dʒinsijet]
estatura (f)	**boy**	[boj]
peso (m)	**ağırlık**	[aırlık]

59. Los familiares. Los parientes

madre (f)	**anne**	[anne]
padre (m)	**baba**	[baba]
hijo (m)	**oğul**	[ø:ul]
hija (f)	**kız**	[kız]
hija (f) menor	**küçük kız**	[kytʃuk kız]
hijo (m) menor	**küçük oğul**	[kytʃuk oul]
hija (f) mayor	**büyük kız**	[byjuk kız]
hijo (m) mayor	**büyük oğul**	[byjuk oul]
hermano (m)	**erkek kardeş**	[erkek kardeʃ]
hermano (m) mayor	**büyük erkek kardeş**	[byjuk erkek kardeʃ]
hermano (m) menor	**küçük erkek kardeş**	[kytʃyk erkek kardeʃ]
hermana (f)	**kız kardeş, bacı**	[kız kardeʃ], [badʒı]
hermana (f) mayor	**büyük kız kardeş**	[byjuk kız kardeʃ]
hermana (f) menor	**küçük kız kardeş**	[kytʃyk kız kardeʃ]
primo (m)	**erkek kuzen**	[erkek kuzen]
prima (f)	**kız kuzen**	[kız kuzen]
mamá (f)	**anne**	[anne]
papá (m)	**baba**	[baba]
padres (pl)	**ebeveyn, anne baba**	[ebevejn], [anne baba]
niño -a (m, f)	**çocuk**	[tʃodʒuk]
niños (pl)	**çocuklar**	[tʃodʒuklar]
abuela (f)	**büyük anne**	[byjuk anne]
abuelo (m)	**büyük baba**	[byjuk baba]

nieto (m)	erkek torun	[erkek torun]
nieta (f)	kız torun	[kız torun]
nietos (pl)	torunlar	[torunlar]

tío (m)	amca, dayı	[amdʒa], [dajı]
tía (f)	teyze, hala	[tejze], [hala]
sobrino (m)	erkek yeğen	[erkek jeen]
sobrina (f)	kız yeğen	[kız jeen]

suegra (f)	kaynana	[kajnana]
suegro (m)	kaynata	[kajnata]
yerno (m)	damat	[damat]
madrastra (f)	üvey anne	[yvej anne]
padrastro (m)	üvey baba	[yvej baba]

niño (m) de pecho	süt çocuğu	[syt tʃodʒuu]
bebé (m)	bebek	[bebek]
chico (m)	erkek çocuk	[erkek tʃodʒuk]

mujer (f)	karı	[karı]
marido (m)	koca	[kodʒa]
esposo (m)	eş	[eʃ]
esposa (f)	eş	[eʃ]

casado (adj)	evli	[evli]
casada (adj)	evli	[evli]
soltero (adj)	bekâr	[bekjar]
soltero (m)	bekâr	[bekjar]
divorciado (adj)	boşanmış	[boʃanmıʃ]
viuda (f)	dul kadın	[dul kadın]
viudo (m)	dul erkek	[dul erkek]

pariente (m)	akraba	[akraba]
pariente (m) cercano	yakın akraba	[jakın akraba]
pariente (m) lejano	uzak akraba	[uzak akraba]
parientes (pl)	akrabalar	[akrabalar]

huérfano (m), huérfana (f)	yetim	[jetim]
tutor (m)	vasi	[vasi]
adoptar (un niño)	evlat edinmek	[evlat edinmek]
adoptar (una niña)	evlat edinmek	[evlat edinmek]

60. Los amigos. Los compañeros del trabajo

amigo (m)	dost, arkadaş	[dost], [arkadaʃ]
amiga (f)	arkadaş, dost	[arkadaʃ], [dost]
amistad (f)	dostluk	[dostluk]
ser amigo	arkadaş olmak	[arkadaʃ olmak]
amigote (m)	arkadaş	[arkadaʃ]
amiguete (f)	dost, arkadaş	[dost], [arkadaʃ]

compañero (m)	**partner, eş**	[partner], [eʃ]
jefe (m)	**şef**	[ʃef]
superior (m)	**amir**	[amir]
propietario (m)	**sahip**	[sahip]
subordinado (m)	**ast**	[ast]
colega (m, f)	**meslektaş**	[meslektaʃ]
conocido (m)	**tanıdık**	[tanɪdɪk]
compañero (m) de viaje	**yol arkadaşı**	[jol arkadaʃɪ]
condiscípulo (m)	**sınıf arkadaşı**	[sɪnɪf arkadaʃɪ]
vecino (m)	**komşu**	[komʃu]
vecina (f)	**komşu**	[komʃu]
vecinos (pl)	**komşular**	[komʃular]

T&P BOOKS

EL CUERPO. LA MEDICINA

T&P Books Publishing

cabeza (f)	**baş**	[baʃ]
cara (f)	**yüz**	[juz]
nariz (f)	**burun**	[burun]
boca (f)	**ağız**	[aɪz]

ojo (m)	**göz**	[gøz]
ojos (m pl)	**gözler**	[gøzler]
pupila (f)	**göz bebeği**	[gøz bebeɪ]
ceja (f)	**kaş**	[kaʃ]
pestaña (f)	**kirpik**	[kirpik]
párpado (m)	**göz kapağı**	[gøz kapaɪ]

lengua (f)	**dil**	[dil]
diente (m)	**diş**	[diʃ]
labios (m pl)	**dudaklar**	[dudaklar]
pómulos (m pl)	**elmacık kemiği**	[elmadʒɪk kemii]
encía (f)	**dişeti**	[diʃeti]
paladar (m)	**damak**	[damak]

ventanas (f pl)	**burun deliği**	[burun delii]
mentón (m)	**çene**	[ʧene]
mandíbula (f)	**çene kemiği**	[ʧene kemii]
mejilla (f)	**yanak**	[janak]

frente (f)	**alın**	[alɪn]
sien (f)	**şakak**	[ʃakak]
oreja (f)	**kulak**	[kulak]
nuca (f)	**ense**	[ense]
cuello (m)	**boyun**	[bojun]
garganta (f)	**boğaz**	[boaz]

pelo, cabello (m)	**saçlar**	[saʧlar]
peinado (m)	**saç modeli**	[saʧ modeli]
corte (m) de pelo	**saç biçimi**	[saʧ biʧimi]
peluca (f)	**peruk**	[peryk]

bigote (m)	**bıyık**	[bɪjɪk]
barba (f)	**sakal**	[sakal]
tener (~ la barba)	**uzatmak**	[uzatmak]
trenza (f)	**saç örgüsü**	[saʧ ørgysy]
patillas (f pl)	**favori**	[favori]

pelirrojo (adj)	**kızıl saçlı**	[kɪzɪl saʧlɪ]
gris, canoso (adj)	**kır**	[kɪr]

calvo (adj)	kel	[kel]
calva (f)	dazlak yer	[dazlak jer]

cola (f) de caballo	at kuyruğu	[at kujruu]
flequillo (m)	kakül	[kakyl]

62. El cuerpo

mano (f)	el	[el]
brazo (m)	kol	[kol]

dedo (m)	parmak	[parmak]
dedo (m) del pie	ayak parmağı	[ajak parmaı]
dedo (m) pulgar	başparmak	[baʃ parmak]
dedo (m) meñique	küçük parmak	[kytʃuk parmak]
uña (f)	tırnak	[tırnak]

puño (m)	yumruk	[jumruk]
palma (f)	avuç	[avutʃ]
muñeca (f)	bilek	[bilek]
antebrazo (m)	önkol	[ønkol]
codo (m)	dirsek	[dirsek]
hombro (m)	omuz	[omuz]

pierna (f)	bacak	[badʒak]
planta (f)	ayak	[ajak]
rodilla (f)	diz	[diz]
pantorrilla (f)	baldır	[baldır]

cadera (f)	kalça	[kaltʃa]
talón (m)	topuk	[topuk]

cuerpo (m)	vücut	[vydʒut]
vientre (m)	karın	[karın]
pecho (m)	göğüs	[gøjus]
seno (m)	meme	[meme]
lado (m), costado (m)	böğür, yan	[bøjur], [jan]
espalda (f)	sırt	[sırt]

zona (f) lumbar	bel	[bel]
cintura (f), talle (m)	bel	[bel]

ombligo (m)	göbek deliği	[gøbek delii]
nalgas (f pl)	kaba et	[kaba et]
trasero (m)	kıç, popo	[kıtʃ], [popo]

lunar (m)	ben	[ben]
marca (f) de nacimiento	doğum lekesi	[doum lekesi]
tatuaje (m)	dövme	[døvme]
cicatriz (f)	yara izi	[jara izi]

63. Las enfermedades

enfermedad (f)	hastalık	[hastalık]
estar enfermo	hasta olmak	[hasta olmak]
salud (f)	sağlık	[saalık]
resfriado (m) (coriza)	burun akıntısı, nezle	[burun akıntısı], [nezle]
angina (f)	bademcik iltihabı, tonsilit	[bademdʒik iltihabı], [tonsilit]
resfriado (m)	soğuk algınlığı	[souk algınlıı]
resfriarse (vr)	soğuk almak	[souk almak]
bronquitis (f)	bronşit	[bronʃit]
pulmonía (f)	zatürree	[zatyrree]
gripe (f)	grip, enflüenza	[grip], [enflüenza]
miope (adj)	uzağı iyi göremeyen	[uzaı iji gøremejen]
présbita (adj)	yakını iyi göremeyen	[jakını iji gøremejen]
estrabismo (m)	şaşılık	[ʃaʃılık]
estrábico (m) (adj)	şaşı	[ʃaʃı]
catarata (f)	katarakt	[katarakt]
glaucoma (m)	glokoma	[glokoma]
insulto (m)	felç, inme	[feltʃ], [inme]
ataque (m) cardiaco	kalp krizi	[kalp krizi]
infarto (m) de miocardio	myokard infarktüsü	[miokard infarktysy]
parálisis (f)	felç olma	[feltʃ olma]
paralizar (vt)	felç etmek	[feltʃ etmek]
alergia (f)	alerji	[alerʒi]
asma (f)	astım	[astım]
diabetes (f)	diyabet	[diabet]
dolor (m) de muelas	diş ağrısı	[diʃ aarısı]
caries (f)	diş çürümesi	[diʃ tʃurymesi]
diarrea (f)	ishal	[ishal]
estreñimiento (m)	kabızlık	[kabızlık]
molestia (f) estomacal	mide bozukluğu	[mide bozukluu]
envenenamiento (m)	gıda zehirlenmesi	[gıda zehirlenmesi]
envenenarse (vr)	gıda zehirlenmesi geçirmek	[gıda zehirlenmesi getʃirmek]
artritis (f)	artrit, arterit	[artrit]
raquitismo (m)	raşitizm	[raʃitizm]
reumatismo (m)	romatizma	[romatizma]
ateroesclerosis (f)	damar sertliği	[damar sertlii]
gastritis (f)	gastrit	[gastrit]
apendicitis (f)	apandisit	[apandisit]
colecistitis (f)	kolesistit	[kolesistit]

úlcera (f)	ülser	[ylser]
sarampión (m)	kızamık	[kızamık]
rubeola (f)	kızamıkçık	[kızamıktʃik]
ictericia (f)	sarılık	[sarılık]
hepatitis (f)	hepatit	[hepatit]
esquizofrenia (f)	şizofreni	[ʃizofreni]
rabia (f) (hidrofobia)	kuduz hastalığı	[kuduz hastalıı]
neurosis (f)	nevroz	[nevroz]
conmoción (f) cerebral	beyin sarsıntısı	[bejin sarsıntısı]
cáncer (m)	kanser	[kanser]
esclerosis (f)	skleroz	[skleroz]
esclerosis (m) múltiple	multipl skleroz	[multipl skleroz]
alcoholismo (m)	alkolizm	[alkolizm]
alcohólico (m)	alkolik	[alkolik]
sífilis (f)	frengi	[frengi]
SIDA (m)	AİDS	[eids]
tumor (m)	tümör, ur	[tymør], [jur]
maligno (adj)	kötü huylu	[køty hujlu]
benigno (adj)	iyi huylu	[iji hujlu]
fiebre (f)	yüksek ateş	[juksek ateʃ]
malaria (f)	sıtma	[sıtma]
gangrena (f)	kangren	[kangren]
mareo (m)	deniz tutması	[deniz tutması]
epilepsia (f)	epilepsi	[epilepsi]
epidemia (f)	salgın	[salgın]
tifus (m)	tifüs	[tifys]
tuberculosis (f)	verem	[verem]
cólera (f)	kolera	[kolera]
peste (f)	veba	[veba]

64. Los síntomas. Los tratamientos. Unidad 1

síntoma (m)	belirti	[belirti]
temperatura (f)	ateş	[ateʃ]
fiebre (f)	yüksek ateş	[juksek ateʃ]
pulso (m)	nabız	[nabız]
mareo (m) (vértigo)	baş dönmesi	[baʃ dønmesi]
caliente (adj)	ateşli	[ateʃli]
escalofrío (m)	titreme	[titreme]
pálido (adj)	solgun	[solgun]
tos (f)	öksürük	[øksyryk]
toser (vi)	öksürmek	[øksyrmek]

estornudar (vi)	hapşırmak	[hapʃırmak]
desmayo (m)	baygınlık	[bajgınlık]
desmayarse (vr)	bayılmak	[bajılmak]
moradura (f)	çürük	[ʧuryk]
chichón (m)	şişlik	[ʃiʃlik]
golpearse (vr)	çarpmak	[ʧarpmak]
magulladura (f)	bere, ezik, çürük	[bere], [ezik], [ʧyryk]
magullarse (vr)	incinmek	[indʒinmek]

cojear (vi)	topallamak	[topallamak]
dislocación (f)	çıkık	[ʧıkık]
dislocar (vt)	çıkmak	[ʧıkmak]
fractura (f)	kırık, fraktür	[kırık], [fraktyr]
tener una fractura	kırılmak, çatlamak	[kırılmak], [ʧatlamak]

corte (m) (tajo)	kesik	[kesik]
cortarse (vr)	kendini kesmek	[kendini kesmek]
hemorragia (f)	kanama	[kanama]

| quemadura (f) | yanık | [janık] |
| quemarse (vr) | yanmak | [janmak] |

pincharse (~ el dedo)	delmek	[delmek]
pincharse (vr)	kendini delmek	[kendini delmek]
herir (vt)	yaralamak	[jaralamak]
herida (f)	yara, incinme	[jara], [indʒinme]
lesión (f) (herida)	yara	[jara]
trauma (m)	travma, sarsıntı	[travma], [sarsıntı]

delirar (vi)	sayıklamak	[sajıklamak]
tartamudear (vi)	kekelemek	[kekelemek]
insolación (f)	güneş çarpması	[gyneʃ ʧarpması]

65. Los síntomas. Los tratamientos. Unidad 2

| dolor (m) | acı | [adʒı] |
| astilla (f) | kıymık | [kıjmık] |

sudor (m)	ter	[ter]
sudar (vi)	terlemek	[terlemek]
vómito (m)	kusma	[kusma]
convulsiones (f pl)	kramp	[kramp]

embarazada (adj)	hamile	[hamile]
nacer (vi)	doğmak	[doomak]
parto (m)	doğum	[doum]
dar a luz	doğurmak	[dourmak]
aborto (m)	kürtaj	[kyrtaʒ]

| respiración (f) | solunum, respirasyon | [solunum], [respirasjon] |

inspiración (f)	soluk alma	[soluk alma]
espiración (f)	soluk verme	[soluk verme]
espirar (vi)	soluk vermek	[soluk vermek]
inspirar (vi)	soluk almak	[soluk almak]

inválido (m)	engelli kişi, malul	[engelli kiʃi], [malul]
mutilado (m)	sakat	[sakat]
drogadicto (m)	uyuşturucu bağımlısı	[ujuʃturudʒu baımlısı]

sordo (adj)	sağır	[saır]
mudo (adj)	dilsiz	[dilsiz]
sordomudo (adj)	sağır ve dilsiz	[saır ve dilsiz]

loco (adj)	deli	[deli]
loco (m)	deli adam	[deli adam]
loca (f)	deli kadın	[deli kadın]
volverse loco	çıldırmak	[tʃıldırmak]

gen (m)	gen	[gen]
inmunidad (f)	bağışıklık	[baıʃıklık]
hereditario (adj)	irsi, kalıtsal	[irsi], [kalıtsal]
de nacimiento (adj)	doğuştan	[douʃtan]

virus (m)	virüs	[virys]
microbio (m)	mikrop	[mikrop]
bacteria (f)	bakteri	[bakteri]
infección (f)	enfeksiyon	[enfeksijon]

66. Los síntomas. Los tratamientos. Unidad 3

| hospital (m) | hastane | [hastane] |
| paciente (m) | hasta | [hasta] |

diagnosis (f)	teşhis	[teʃhis]
cura (f)	çare	[tʃare]
tratamiento (m)	tedavi	[tedavi]
curarse (vr)	tedavi görmek	[tedavi gørmek]
tratar (vt)	tedavi etmek	[tedavi etmek]
cuidar (a un enfermo)	hastaya bakmak	[hastaja bakmak]
cuidados (m pl)	hasta bakımı	[hasta bakımı]

operación (f)	ameliyat	[amelijat]
vendar (vt)	bandajlamak	[bandaʒlamak]
vendaje (m)	bandaj, sargı	[bandaʒ], [sargı]

vacunación (f)	aşılama	[aʃılama]
vacunar (vt)	aşılamak	[aʃılamak]
inyección (f)	iğne	[iine]
aplicar una inyección	iğne yapmak	[iine japmak]

ataque (m)	**atak**	[atak]
amputación (f)	**ampütasyon**	[ampytasjon]
amputar (vt)	**ampüte etmek**	[ampyte etmek]
coma (m)	**koma**	[koma]
estar en coma	**komada olmak**	[komada olmak]
revitalización (f)	**yoğun bakım**	[joun bakım]

recuperarse (vr)	**iyileşmek**	[ijileʃmek]
estado (m) (de salud)	**durum**	[durum]
consciencia (f)	**bilinç**	[bilintʃ]
memoria (f)	**hafıza**	[hafıza]

extraer (un diente)	**çekmek**	[tʃekmek]
empaste (m)	**diş dolgusu**	[diʃ dolgusu]
empastar (vt)	**dişe dolgu yapmak**	[diʃe dolgu japmak]

hipnosis (f)	**hipnoz**	[hipnoz]
hipnotizar (vt)	**hipnotize etmek**	[hipnotize etmek]

67. La medicina. Las drogas. Los accesorios

medicamento (m), droga (f)	**ilaç**	[ilatʃ]
remedio (m)	**deva**	[deva]
prescribir (vt)	**yazmak**	[jazmak]
receta (f)	**reçete**	[retʃete]

tableta (f)	**hap**	[hap]
ungüento (m)	**merhem**	[merhem]
ampolla (f)	**ampul**	[ampul]
mixtura (f), mezcla (f)	**solüsyon**	[solysjon]
sirope (m)	**şurup**	[ʃurup]
píldora (f)	**kapsül**	[kapsyl]
polvo (m)	**toz**	[toz]

venda (f)	**gazlı bez**	[gazlı bez]
algodón (m) (discos de ~)	**pamuk**	[pamuk]
yodo (m)	**iyot**	[ijot]

tirita (f), curita (f)	**yara bandı**	[jara bandı]
pipeta (f)	**damlalık**	[damlalık]

termómetro (m)	**termometre**	[termometre]
jeringa (f)	**şırınga**	[ʃiringa]

silla (f) de ruedas	**tekerlekli sandalye**	[tekerlekli sandalje]
muletas (f pl)	**koltuk değneği**	[koltuk deenei]

anestésico (m)	**ağrı kesici**	[aarı kesidʒi]
purgante (m)	**müshil**	[myshil]
alcohol (m)	**ispirto**	[ispirto]

| hierba (f) medicinal | **şifalı bitkiler** | [ʃifalı bitkiler] |
| de hierbas (té ~) | **bitkisel** | [bitkisel] |

EL APARTAMENTO

T&P Books Publishing

68. El apartamento

apartamento (m)	daire	[daire]
habitación (f)	oda	[oda]
dormitorio (m)	yatak odası	[jatak odası]
comedor (m)	yemek odası	[jemek odası]
salón (m)	oturma odası	[oturma odası]
despacho (m)	çalışma odası	[ʧalıʃma odası]
antecámara (f)	antre	[antre]
cuarto (m) de baño	banyo	[banjo]
servicio (m)	tuvalet	[tuvalet]
techo (m)	tavan	[tavan]
suelo (m)	taban, yer	[taban], [jer]
rincón (m)	köşe	[køʃe]

69. Los muebles. El interior

muebles (m pl)	mobilya	[mobilja]
mesa (f)	masa	[masa]
silla (f)	sandalye	[sandalje]
cama (f)	yatak	[jatak]
sofá (m)	kanepe, koltuk	[kanepe], [koltuk]
sillón (m)	koltuk	[koltuk]
librería (f)	kitaplık	[kitaplık]
estante (m)	kitap rafı	[kitap rafı]
armario (m)	elbise dolabı	[elbise dolabı]
percha (f)	duvar askısı	[duvar askısı]
perchero (m) de pie	portmanto	[portmanto]
cómoda (f)	komot	[komot]
mesa (f) de café	sehpa	[sehpa]
espejo (m)	ayna	[ajna]
tapiz (m)	halı	[halı]
alfombra (f)	kilim	[kilim]
chimenea (f)	şömine	[ʃømine]
vela (f)	mum	[mum]
candelero (m)	mumluk	[mumluk]
cortinas (f pl)	perdeler	[perdler]

empapelado (m)	duvar kağıdı	[duvar kaıdı]
estor (m) de láminas	jaluzi	[ʒalyzi]
lámpara (f) de mesa	masa lambası	[masa lambası]
aplique (m)	aplik	[aplik]
lámpara (f) de pie	ayaklı lamba	[ajaklı lamba]
lámpara (f) de araña	avize	[avize]
pata (f) (~ de la mesa)	ayak	[ajak]
brazo (m)	kol	[kol]
espaldar (m)	arkalık, sırt	[arkalık], [sırt]
cajón (m)	çekmece	[tʃekmedʒe]

70. Los accesorios de cama

ropa (f) de cama	yatak takımı	[jatak takımı]
almohada (f)	yastık	[jastık]
funda (f)	yastık kılıfı	[jastık kılıfı]
manta (f)	yorgan	[jorgan]
sábana (f)	çarşaf	[tʃarʃaf]
sobrecama (f)	yatak örtüsü	[jatak ørtysy]

71. La cocina

cocina (f)	mutfak	[mutfak]
gas (m)	gaz	[gaz]
cocina (f) de gas	kuzine fırın	[kuzine fırın]
cocina (f) eléctrica	elektrikli ocak	[elektrikli odʒak]
horno (m)	fırın	[fırın]
horno (m) microondas	mikrodalga fırın	[mikrodalga fırın]
frigorífico (m)	buzdolabı	[buzdolabı]
congelador (m)	derin dondurucu	[derin dondurudʒu]
lavavajillas (m)	bulaşık makinesi	[bulaʃık makinesi]
picadora (f) de carne	kıyma makinesi	[kıjma makinesi]
exprimidor (m)	meyve sıkacağı	[mejve sıkadʒaı]
tostador (m)	tost makinesi	[tost makinesi]
batidora (f)	mikser	[mikser]
cafetera (f) (aparato de cocina)	kahve makinesi	[kahve makinesi]
cafetera (f) (para servir)	cezve	[dʒezve]
molinillo (m) de café	kahve değirmeni	[kahve deirmeni]
hervidor (m) de agua	çaydanlık	[tʃajdanlık]
tetera (f)	demlik	[demlik]
tapa (f)	kapak	[kapak]

colador (m) de té	çay süzgeci	[ʧaj syzgeʤi]
cuchara (f)	kaşık	[kaʃık]
cucharilla (f)	çay kaşığı	[ʧaj kaʃıı]
cuchara (f) de sopa	yemek kaşığı	[jemek kaʃıı]
tenedor (m)	çatal	[ʧatal]
cuchillo (m)	bıçak	[bıʧak]

vajilla (f)	mutfak gereçleri	[mutfak gereʧleri]
plato (m)	tabak	[tabak]
platillo (m)	fincan tabağı	[finʤan tabaı]

vaso (m) de chupito	shot bardağı	[shot bardaı]
vaso (m) (~ de agua)	bardak	[bardak]
taza (f)	fincan	[finʤan]

azucarera (f)	şekerlik	[ʃekerlik]
salero (m)	tuzluk	[tuzluk]
pimentero (m)	biberlik	[biberlik]
mantequera (f)	tereyağı tabağı	[terejaı tabaı]

cacerola (f)	tencere	[tenʤere]
sartén (f)	tava	[tava]
cucharón (m)	kepçe	[kepʧe]
colador (m)	süzgeç	[syzgeʧ]
bandeja (f)	tepsi	[tepsi]

botella (f)	şişe	[ʃiʃe]
tarro (m) de vidrio	kavanoz	[kavanoz]
lata (f)	teneke	[teneke]

abrebotellas (m)	şişe açacağı	[ʃiʃe aʧaʤaı]
abrelatas (m)	konserve açacağı	[konserve aʧaʤaı]
sacacorchos (m)	tirbuşon	[tirbyʃon]
filtro (m)	filtre	[filtre]
filtrar (vt)	filtre etmek	[filtre etmek]

| basura (f) | çöp | [ʧøp] |
| cubo (m) de basura | çöp kovası | [ʧøp kovası] |

72. El baño

cuarto (m) de baño	banyo	[banjo]
agua (f)	su	[su]
grifo (m)	musluk	[musluk]
agua (f) caliente	sıcak su	[sıʤak su]
agua (f) fría	soğuk su	[souk su]

pasta (f) de dientes	diş macunu	[diʃ maʤunu]
limpiarse los dientes	dişlerini fırçalamak	[diʃlerini fırʧalamak]
cepillo (m) de dientes	diş fırçası	[diʃ fırʧası]

afeitarse (vr)	tıraş olmak	[tɪraʃ olmak]
espuma (f) de afeitar	tıraş köpüğü	[tɪraʃ køpyy]
maquinilla (f) de afeitar	jilet	[ʒilet]

lavar (vt)	yıkamak	[jɪkamak]
darse un baño	yıkanmak	[jɪkanmak]
ducha (f)	duş	[duʃ]
darse una ducha	duş almak	[duʃ almak]

bañera (f)	küvet	[kyvet]
inodoro (m)	klozet	[klozet]
lavabo (m)	lavabo	[lavabo]

| jabón (m) | sabun | [sabun] |
| jabonera (f) | sabunluk | [sabunluk] |

esponja (f)	sünger	[synger]
champú (m)	şampuan	[ʃampuan]
toalla (f)	havlu	[havlu]
bata (f) de baño	bornoz	[bornoz]

colada (f), lavado (m)	çamaşır yıkama	[ʧamaʃɪr jɪkama]
lavadora (f)	çamaşır makinesi	[ʧamaʃɪr makinesi]
lavar la ropa	çamaşırları yıkamak	[ʧamaʃɪrlarɪ jɪkamak]
detergente (m) en polvo	çamaşır deterjanı	[ʧamaʃɪr deterʒanɪ]

73. Los aparatos domésticos

televisor (m)	televizyon	[televizjon]
magnetófono (m)	teyp	[tejp]
vídeo (m)	video	[video]
radio (m)	radyo	[radjo]
reproductor (m) (~ MP3)	çalar	[ʧalar]

proyector (m) de vídeo	projeksiyon makinesi	[proʒeksion makinesi]
sistema (m) home cinema	ev sineması	[ev sineması]
reproductor (m) de DVD	DVD oynatıcı	[dividi ojnatɪdʒɪ]
amplificador (m)	amfi, amplifikatör	[amfi], [amplifikatør]
videoconsola (f)	oyun konsolu	[ojun konsolu]

cámara (f) de vídeo	video kamera	[videokamera]
cámara (f) fotográfica	fotoğraf makinesi	[fotoraf makinesi]
cámara (f) digital	dijital fotoğraf makinesi	[diʒital fotoraf makinesi]

aspirador (m), aspiradora (f)	elektrikli süpürge	[elektrikli sypyrge]
plancha (f)	ütü	[yty]
tabla (f) de planchar	ütü masası	[yty masası]

| teléfono (m) | telefon | [telefon] |
| teléfono (m) móvil | cep telefonu | [dʒep telefonu] |

máquina (f) de escribir	**daktilo**	[daktilo]
máquina (f) de coser	**dikiş makinesi**	[dikiʃ makinesi]
micrófono (m)	**mikrofon**	[mikrofon]
auriculares (m pl)	**kulaklık**	[kulaklık]
mando (m) a distancia	**uzaktan kumanda**	[uzaktan kumanda]
CD (m)	**CD**	[sidi]
casete (m)	**kaset**	[kaset]
disco (m) de vinilo	**vinil plak**	[vinil plak]

T&P BOOKS

LA TIERRA. EL TIEMPO

T&P Books Publishing

cosmos (m)	**uzay, evren**	[uzaj], [evren]
espacial, cósmico (adj)	**uzay**	[uzaj]
espacio (m) cósmico	**feza**	[feza]
mundo (m)	**kainat**	[kajnat]
universo (m)	**evren**	[evren]
galaxia (f)	**galaksi**	[galaksi]
estrella (f)	**yıldız**	[jıldız]
constelación (f)	**takımyıldız**	[takımjıldız]
planeta (m)	**gezegen**	[gezegen]
satélite (m)	**uydu**	[ujdu]
meteorito (m)	**göktaşı**	[gøktaʃı]
cometa (m)	**kuyruklu yıldız**	[kujruklu jıldız]
asteroide (m)	**asteroit**	[asteroit]
órbita (f)	**yörünge**	[jørynge]
girar (vi)	**dönmek**	[dønmek]
atmósfera (f)	**atmosfer**	[atmosfer]
Sol (m)	**Güneş**	[gyneʃ]
sistema (m) solar	**Güneş sistemi**	[gyneʃ sistemi]
eclipse (m) de Sol	**Güneş tutulması**	[gyneʃ tutulması]
Tierra (f)	**Dünya**	[dynja]
Luna (f)	**Ay**	[aj]
Marte (m)	**Mars**	[mars]
Venus (f)	**Venüs**	[venys]
Júpiter (m)	**Jüpiter**	[ʒupiter]
Saturno (m)	**Satürn**	[satyrn]
Mercurio (m)	**Merkür**	[merkyr]
Urano (m)	**Uranüs**	[uranys]
Neptuno (m)	**Neptün**	[neptyn]
Plutón (m)	**Plüton**	[plyton]
la Vía Láctea	**Samanyolu**	[samanjolu]
la Osa Mayor	**Büyükayı**	[byjuk ajı]
la Estrella Polar	**Kutup yıldızı**	[kutup jıldızı]
marciano (m)	**Marslı**	[marslı]
extraterrestre (m)	**dünya dışı varlık**	[dynja dıʃı varlık]

| planetícola (m) | uzaylı | [uzajlı] |
| platillo (m) volante | uçan daire | [utʃan daire] |

nave (f) espacial	uzay gemisi	[uzaj gemisi]
estación (f) orbital	yörünge istasyonu	[jørynge istasjonu]
despegue (m)	uzaya fırlatma	[uzaja fırlatma]

motor (m)	motor	[motor]
tobera (f)	roket memesi	[roket memesi]
combustible (m)	yakıt	[jakıt]

carlinga (f)	kabin	[kabin]
antena (f)	anten	[anten]
ventana (f)	lombar	[lombar]
batería (f) solar	güneş paneli	[gyneʃ paneli]
escafandra (f)	uzay giysisi	[uzaj gijsisi]

| ingravidez (f) | ağırlıksızlık | [aırlıksızlık] |
| oxígeno (m) | oksijen | [oksiʒen] |

| atraque (m) | uzayda kenetlenme | [uzajda kenetlenme] |
| realizar el atraque | kenetlenmek | [kenetlenmek] |

observatorio (m)	gözlemevi	[gøzlemevi]
telescopio (m)	teleskop	[teleskop]
observar (vt)	gözlemlemek	[gøzlemlemek]
explorar (~ el universo)	araştırmak	[araʃtırmak]

75. La tierra

Tierra (f)	Dünya	[dynja]
globo (m) terrestre	yerküre	[jerkyre]
planeta (m)	gezegen	[gezegen]

atmósfera (f)	atmosfer	[atmosfer]
geografía (f)	coğrafya	[dʒoorafja]
naturaleza (f)	doğa	[doa]

globo (m) terráqueo	yerküre modeli	[jerkyre modeli]
mapa (m)	harita	[harita]
atlas (m)	atlas	[atlas]

Europa (f)	Avrupa	[avrupa]
Asia (f)	Asya	[asja]
África (f)	Afrika	[afrika]
Australia (f)	Avustralya	[avustralja]

América (f)	Amerika	[amerika]
América (f) del Norte	Kuzey Amerika	[kuzej amerika]
América (f) del Sur	Güney Amerika	[gynej amerika]

| Antártida (f) | **Antarktika** | [antarktika] |
| Ártico (m) | **Arktik, Kuzey Kutbu** | [arktik], [kuzej kutbu] |

76. Los puntos cardinales

norte (m)	**kuzey**	[kuzej]
al norte	**kuzeye**	[kuzeje]
en el norte	**kuzeyde**	[kuzejde]
del norte (adj)	**kuzey**	[kuzej]

sur (m)	**güney**	[gynej]
al sur	**güneye**	[gyneje]
en el sur	**güneyde**	[gynejde]
del sur (adj)	**güney**	[gynej]

oeste (m)	**batı**	[batı]
al oeste	**batıya**	[batıja]
en el oeste	**batıda**	[batıda]
del oeste (adj)	**batı**	[batı]

este (m)	**doğu**	[dou]
al este	**doğuya**	[douja]
en el este	**doğuda**	[douda]
del este (adj)	**doğu**	[dou]

77. El mar. El océano

mar (m)	**deniz**	[deniz]
océano (m)	**okyanus**	[okjanus]
golfo (m)	**körfez**	[kørfez]
estrecho (m)	**boğaz**	[boaz]

tierra (f) firme	**kara**	[kara]
continente (m)	**kıta**	[kıta]
isla (f)	**ada**	[ada]
península (f)	**yarımada**	[jarımada]
archipiélago (m)	**takımada**	[takımada]

bahía (f)	**koy**	[koj]
ensenada, bahía (f)	**liman**	[liman]
laguna (f)	**deniz kulağı**	[deniz kulaı]
cabo (m)	**burun**	[burun]

atolón (m)	**atol**	[atol]
arrecife (m)	**resif**	[resif]
coral (m)	**mercan**	[merdʒan]
arrecife (m) de coral	**mercan resifi**	[merdʒan resifi]
profundo (adj)	**derin**	[derin]

profundidad (f)	**derinlik**	[derinlik]
abismo (m)	**uçurum**	[utʃurum]
fosa (f) oceánica	**çukur**	[tʃukur]
corriente (f)	**akıntı**	[akıntı]
bañar (rodear)	**çevrelemek**	[tʃevrelemek]
orilla (f)	**kıyı**	[kıjı]
costa (f)	**kıyı, sahil**	[kıjı], [sahil]
flujo (m)	**kabarma, met**	[kabarma], [met]
reflujo (m)	**cezir**	[dʒezir]
banco (m) de arena	**sığlık**	[sıılık]
fondo (m)	**dip**	[dip]
ola (f)	**dalga**	[dalga]
cresta (f) de la ola	**tepe**	[tepe]
espuma (f)	**köpük**	[køpyk]
tempestad (f)	**fırtına**	[fırtına]
huracán (m)	**kasırga**	[kasırga]
tsunami (m)	**tsunami**	[tsunami]
bonanza (f)	**limanlık, sakin**	[limanlık], [sakin]
calmo, tranquilo	**sakin**	[sakin]
polo (m)	**kutup**	[kutup]
polar (adj)	**kutup, kutupsal**	[kutup], [kutupsal]
latitud (f)	**enlem**	[enlem]
longitud (f)	**boylam**	[bojlam]
paralelo (m)	**paralel**	[paralel]
ecuador (m)	**ekvator**	[ekvator]
cielo (m)	**gök**	[gøk]
horizonte (m)	**ufuk**	[ufuk]
aire (m)	**hava**	[hava]
faro (m)	**deniz feneri**	[deniz feneri]
bucear (vi)	**dalmak**	[dalmak]
hundirse (vr)	**batmak**	[batmak]
tesoros (m pl)	**hazine**	[hazine]

78. Los nombres de los mares y los océanos

océano (m) Atlántico	**Atlas Okyanusu**	[atlas okjanusu]
océano (m) Índico	**Hint Okyanusu**	[hint okjanusu]
océano (m) Pacífico	**Pasifik Okyanusu**	[pasifik okjanusu]
océano (m) Glacial Ártico	**Kuzey Buz Denizi**	[kuzej buz denizi]
mar (m) Negro	**Karadeniz**	[karadeniz]
mar (m) Rojo	**Kızıldeniz**	[kızıldeniz]

| mar (m) Amarillo | **Sarı Deniz** | [sarı deniz] |
| mar (m) Blanco | **Beyaz Deniz** | [bejaz deniz] |

mar (m) Caspio	**Hazar Denizi**	[hazar denizi]
mar (m) Muerto	**Ölüdeniz**	[ølydeniz]
mar (m) Mediterráneo	**Akdeniz**	[akdeniz]

| mar (m) Egeo | **Ege Denizi** | [ege denizi] |
| mar (m) Adriático | **Adriyatik Denizi** | [adrijatik denizi] |

mar (m) Arábigo	**Umman Denizi**	[umman denizi]
mar (m) del Japón	**Japon Denizi**	[ʒapon denizi]
mar (m) de Bering	**Bering Denizi**	[bering denizi]
mar (m) de la China Meridional	**Güney Çin Denizi**	[gynej tʃin denizi]

mar (m) del Coral	**Mercan Denizi**	[merdʒan denizi]
mar (m) de Tasmania	**Tasman Denizi**	[tasman denizi]
mar (m) Caribe	**Karayip Denizi**	[karajip denizi]

| mar (m) de Barents | **Barent Denizi** | [barent denizi] |
| mar (m) de Kara | **Kara Denizi** | [kara denizi] |

mar (m) del Norte	**Kuzey Denizi**	[kuzej denizi]
mar (m) Báltico	**Baltık Denizi**	[baltık denizi]
mar (m) de Noruega	**Norveç Denizi**	[norvetʃ denizi]

79. Las montañas

montaña (f)	**dağ**	[daa]
cadena (f) de montañas	**dağ silsilesi**	[daa silsilesi]
cresta (f) de montañas	**sıradağlar**	[sıradaalar]

cima (f)	**zirve**	[zirve]
pico (m)	**doruk, zirve**	[doruk], [zirve]
pie (m)	**etek**	[etek]
cuesta (f)	**yamaç**	[jamatʃ]

volcán (m)	**yanardağ**	[janardaa]
volcán (m) activo	**faal yanardağ**	[faal janardaa]
volcán (m) apagado	**sönmüş yanardağ**	[sønmyʃ janardaa]

erupción (f)	**püskürme**	[pyskyrme]
cráter (m)	**yanardağ ağzı**	[janardaa aazı]
magma (m)	**magma**	[magma]
lava (f)	**lav**	[lav]
fundido (lava ~a)	**erimiş**	[erimiʃ]

| cañón (m) | **kanyon** | [kanjon] |
| desfiladero (m) | **boğaz** | [boaz] |

| grieta (f) | çatlak, yarık | [tʃatlak], [jarık] |
| precipicio (m) | uçurum | [utʃurum] |

puerto (m) (paso)	dağ geçidi	[daa getʃidi]
meseta (f)	yayla	[jajla]
roca (f)	uçurum, falez	[utʃurum], [falez]
colina (f)	tepe	[tepe]

glaciar (m)	buzul	[buzul]
cascada (f)	şelâle	[ʃelale]
geiser (m)	gayzer	[gajzer]
lago (m)	göl	[gøl]

llanura (f)	ova	[ova]
paisaje (m)	manzara	[manzara]
eco (m)	yankı	[jankı]

alpinista (m)	dağcı, alpinist	[daadʒı], [alpinist]
escalador (m)	dağcı	[daadʒı]
conquistar (vt)	fethetmek	[fethetmek]
ascensión (f)	tırmanma	[tırmanma]

80. Los nombres de las montañas

Alpes (m pl)	Alp Dağları	[alp daaları]
Montblanc (m)	Mont Blanc	[mont blan]
Pirineos (m pl)	Pireneler	[pirineler]

Cárpatos (m pl)	Karpatlar	[karpatlar]
Urales (m pl)	Ural Dağları	[ural daaları]
Cáucaso (m)	Kafkas Dağları	[kafkas daaları]
Elbrus (m)	Elbruz Dağı	[elbrus daai]

Altai (m)	Altay Dağları	[altaj daaları]
Tian-Shan (m)	Tanrı Dağları	[tanrı daaları]
Pamir (m)	Pamir Dağları	[pamir daaları]
Himalayos (m pl)	Himalaya Dağları	[himalaja daaları]
Everest (m)	Everest Dağı	[everest daai]

| Andes (m pl) | And Dağları | [and daaları] |
| Kilimanjaro (m) | Kilimanjaro Dağı | [kilimanʒaro daai] |

81. Los ríos

río (m)	nehir, ırmak	[nehir], [ırmak]
manantial (m)	kaynak	[kajnak]
lecho (m) (curso de agua)	nehir yatağı	[nehir jataı]
cuenca (f) fluvial	havza	[havza]

desembocar en …	dökülmek	[døkylmek]
afluente (m)	kol	[kol]
ribera (f)	kıyı, sahil	[kıjı], [sahil]
corriente (f)	akıntı	[akıntı]
río abajo (adv)	nehir boyunca	[nehir bojundʒa]
río arriba (adv)	nehirden yukarı	[nehirden jukarı]
inundación (f)	taşkın	[taʃkın]
riada (f)	nehrin taşması	[nehrin taʃması]
desbordarse (vr)	taşmak	[taʃmak]
inundar (vt)	su basmak	[su basmak]
bajo (m) arenoso	sığlık	[sıılık]
rápido (m)	ivinti yeri	[ivinti jeri]
presa (f)	baraj	[baraʒ]
canal (m)	kanal	[kanal]
lago (m) artificiale	baraj gölü	[baraʒ gøly]
esclusa (f)	savak kapağı	[savak kapaı]
cuerpo (m) de agua	su birikintisi	[su birikintisi]
pantano (m)	bataklık	[bataklık]
ciénaga (f)	bataklık arazi	[bataklık arazi]
remolino (m)	girdap	[girdap]
arroyo (m)	dere	[dere]
potable (adj)	içilir	[itʃilir]
dulce (agua ~)	tatlı, içilebilir	[tatlı], [itʃilebilir]
hielo (m)	buz	[buz]
helarse (el lago, etc.)	buz tutmak, donmak	[buz tutmak], [donmak]

82. Los nombres de los ríos

Sena (m)	Sen nehri	[sen nehri]
Loira (m)	Loire nehri	[luara nehri]
Támesis (m)	Thames nehri	[temz nehri]
Rin (m)	Ren nehri	[ren nehri]
Danubio (m)	Tuna nehri	[tuna nehri]
Volga (m)	Volga nehri	[volga nehri]
Don (m)	Don nehri	[don nehri]
Lena (m)	Lena nehri	[lena nehri]
Río (m) Amarillo	Sarı Irmak	[sarı ırmak]
Río (m) Azul	Yangçe nehri	[jangtʃe nehri]
Mekong (m)	Mekong nehri	[mekong nehri]
Ganges (m)	Ganj nehri	[ganʒ nehri]

Nilo (m)	Nil nehri	[nil nehri]
Congo (m)	Kongo nehri	[kongo nehri]
Okavango (m)	Okavango nehri	[okavango nehri]
Zambeze (m)	Zambezi nehri	[zambezi nehri]
Limpopo (m)	Limpopo nehri	[limpopo nehri]
Misisipi (m)	Mississippi nehri	[misisipi nehri]

83. El bosque

| bosque (m) | orman | [orman] |
| de bosque (adj) | orman | [orman] |

espesura (f)	sık orman	[sık orman]
bosquecillo (m)	koru, ağaçlık	[koru], [aatʃlık]
claro (m)	ormanda açıklığı	[ormanda atʃıklıı]

| maleza (f) | sık ağaçlık | [ʃık aatʃlık] |
| matorral (m) | çalılık | [tʃalılık] |

| senda (f) | keçi yolu | [ketʃi jolu] |
| barranco (m) | sel yatağı | [sel jataı] |

árbol (m)	ağaç	[aatʃ]
hoja (f)	yaprak	[japrak]
follaje (m)	yapraklar	[japraklar]

caída (f) de hojas	yaprak dökümü	[japrak døkymy]
caer (las hojas)	dökülmek	[døkylmek]
cima (f)	ağacın tepesi	[aadʒın tepesi]

rama (f)	dal	[dal]
rama (f) (gruesa)	ağaç dalı	[aatʃ dalı]
brote (m)	tomurcuk	[tomurdʒuk]
aguja (f)	iğne yaprak	[iine japrak]
piña (f)	kozalak	[kozalak]

| agujero (m) | ağaç kovuğu | [aatʃ kovuu] |
| nido (m) | yuva | [juva] |

tronco (m)	gövde	[gøvde]
raíz (f)	kök	[køk]
corteza (f)	kabuk	[kabuk]
musgo (m)	yosun	[josun]

extirpar (vt)	kökünden sökmek	[køkynden søkmek]
talar (vt)	kesmek	[kesmek]
deforestar (vt)	ağaçları yok etmek	[aatʃları jok etmek]
tocón (m)	kütük	[kytyk]
hoguera (f)	kamp ateşi	[kamp ateʃi]
incendio (m) forestal	orman yangını	[orman jangını]

apagar (~ el incendio)	söndürmek	[søndyrmek]
guarda (m) forestal	orman bekçisi	[orman bektʃisi]
protección (f)	koruma	[koruma]
proteger (vt)	korumak	[korumak]
cazador (m) furtivo	kaçak avcı	[katʃak avdʒı]
cepo (m)	kapan	[kapan]
recoger (setas, bayas)	toplamak	[toplamak]
perderse (vr)	yolunu kaybetmek	[jolunu kajbetmek]

84. Los recursos naturales

recursos (m pl) naturales	doğal kaynaklar	[doal kajnaklar]
recursos (m pl) subterráneos	yeraltı kaynakları	[jeraltı kajnakları]
depósitos (m pl)	rezerv	[rezerv]
yacimiento (m)	yatak	[jatak]
extraer (vt)	çıkarmak	[tʃıkarmak]
extracción (f)	maden çıkarma	[maden tʃıkarma]
mena (f)	maden cevheri	[maden dʒevheri]
mina (f)	maden ocağı	[maden odʒaı]
pozo (m) de mina	kuyu	[kuju]
minero (m)	maden işçisi	[maden iʃtʃisi]
gas (m)	gaz	[gaz]
gasoducto (m)	gaz boru hattı	[gaz boru hattı]
petróleo (m)	petrol	[petrol]
oleoducto (m)	petrol boru hattı	[petrol boru hattı]
pozo (m) de petróleo	petrol kulesi	[petrol kulesi]
torre (f) de sondeo	sondaj kulesi	[sondaʒ kulesi]
petrolero (m)	tanker	[tanker]
arena (f)	kum	[kum]
caliza (f)	kireçtaşı	[kiretʃtaʃı]
grava (f)	çakıl	[tʃakılı]
turba (f)	turba	[turba]
arcilla (f)	kil	[kil]
carbón (m)	kömür	[kømyr]
hierro (m)	demir	[demir]
oro (m)	altın	[altın]
plata (f)	gümüş	[gymyʃ]
níquel (m)	nikel	[nikel]
cobre (m)	bakır	[bakır]
zinc (m)	çinko	[tʃinko]
manganeso (m)	manganez	[manganez]
mercurio (m)	cıva	[dʒıva]
plomo (m)	kurşun	[kurʃun]

mineral (m)	mineral	[mineral]
cristal (m)	billur	[billyr]
mármol (m)	mermer	[mermer]
uranio (m)	uranyum	[uranjum]

85. El tiempo

tiempo (m)	hava	[hava]
previsión (f) del tiempo	hava tahmini	[hava tahmini]
temperatura (f)	sıcaklık	[sıdʒaklık]
termómetro (m)	termometre	[termometre]
barómetro (m)	barometre	[barometre]

húmedo (adj)	nemli	[nemli]
humedad (f)	nem	[nem]
bochorno (m)	sıcak hava	[sıdʒak hava]
tórrido (adj)	sıcak	[sıdʒak]
hace mucho calor	hava sıcak	[hava sıdʒak]

hace calor (templado)	hava ılık	[hava ılık]
templado (adj)	ılık	[ılık]

hace frío	hava soğuk	[hava souk]
frío (adj)	soğuk	[souk]
sol (m)	güneş	[gyneʃ]
brillar (vi)	ışık saçmak, parlamak	[ıʃık satʃmak], [parlamak]
soleado (un día ~)	güneşli	[gyneʃli]
elevarse (el sol)	doğmak	[doomak]
ponerse (vr)	batmak	[batmak]

nube (f)	bulut	[bulut]
nuboso (adj)	bulutlu	[bulutlu]
nubarrón (m)	yağmur bulutu	[jaamur bulutu]
nublado (adj)	kapalı	[kapalı]

lluvia (f)	yağmur	[jaamur]
está lloviendo	yağmur yağıyor	[jaamur jaıjor]
lluvioso (adj)	yağmurlu	[jaamurlu]
lloviznar (vi)	çiselemek	[tʃiselemek]

aguacero (m)	sağanak	[saanak]
chaparrón (m)	şiddetli yağmur	[ʃiddetli jaamur]
fuerte (la lluvia ~)	şiddetli, zorlu	[ʃiddetli], [zorlu]
charco (m)	su birikintisi	[su birikintisi]
mojarse (vr)	ıslanmak	[ıslanmak]

niebla (f)	sis, duman	[sis], [duman]
nebuloso (adj)	sisli	[sisli]
nieve (f)	kar	[kar]
está nevando	kar yağıyor	[kar jaıjor]

86. Los eventos climáticos severos. Los desastres naturales

tormenta (f)	boran	[boran]
relámpago (m)	şimşek	[ʃimʃek]
relampaguear (vi)	çakmak	[ʧakmak]
trueno (m)	gök gürültüsü	[gøk gyryltysy]
tronar (vi)	gürlemek	[gyrlemek]
está tronando	gök gürlüyor	[gøk gyrlyjor]
granizo (m)	dolu	[dolu]
está granizando	dolu yağıyor	[dolu jaɪjor]
inundar (vt)	su basmak	[su basmak]
inundación (f)	taşkın	[taʃkın]
terremoto (m)	deprem	[deprem]
sacudida (f)	sarsıntı	[sarsıntı]
epicentro (m)	merkez üssü	[merkez yssy]
erupción (f)	püskürme	[pyskyrme]
lava (f)	lav	[lav]
torbellino (m), tornado (m)	hortum	[hortum]
tifón (m)	tayfun	[tajfun]
huracán (m)	kasırga	[kasırga]
tempestad (f)	fırtına	[fırtına]
tsunami (m)	tsunami	[tsunami]
ciclón (m)	siklon	[siklon]
mal tiempo (m)	kötü hava	[køty hava]
incendio (m)	yangın	[jangın]
catástrofe (f)	felaket	[felaket]
meteorito (m)	göktaşı	[gøktaʃı]
avalancha (f)	çığ	[ʧıı]
alud (m) de nieve	çığ düşmesi	[ʧıı dyʃmesi]
ventisca (f)	tipi	[tipi]
nevasca (f)	kar fırtınası	[kar fırtınası]

T&P BOOKS

LA FAUNA

T&P Books Publishing

87. Los mamíferos. Los predadores

carnívoro (m)	**yırtıcı hayvan**	[jırtıdʒı hajvan]
tigre (m)	**kaplan**	[kaplan]
león (m)	**aslan**	[aslan]
lobo (m)	**kurt**	[kurt]
zorro (m)	**tilki**	[tilki]
jaguar (m)	**jaguar**	[ʒaguar]
leopardo (m)	**pars, leopar**	[pars], [leopar]
guepardo (m)	**çita**	[ʧita]
pantera (f)	**panter**	[panter]
puma (f)	**puma**	[puma]
leopardo (m) de las nieves	**kar leoparı**	[kar leoparı]
lince (m)	**vaşak**	[vaʃak]
coyote (m)	**kır kurdu**	[kır kurdu]
chacal (m)	**çakal**	[ʧakal]
hiena (f)	**sırtlan**	[sırtlan]

88. Los animales salvajes

animal (m)	**hayvan**	[hajvan]
bestia (f)	**vahşi hayvan**	[vahʃi hajvan]
ardilla (f)	**sincap**	[sindʒap]
erizo (m)	**kirpi**	[kirpi]
liebre (f)	**yabani tavşan**	[jabani tavʃan]
conejo (m)	**tavşan**	[tavʃan]
tejón (m)	**porsuk**	[porsuk]
mapache (m)	**rakun**	[rakun]
hámster (m)	**cırlak sıçan**	[dʒirlak sıʧan]
marmota (f)	**marmot**	[marmot]
topo (m)	**köstebek**	[køstebek]
ratón (m)	**fare**	[fare]
rata (f)	**keme, sıçan**	[keme], [sıʧan]
murciélago (m)	**yarasa**	[jarasa]
armiño (m)	**kakım**	[kakım]
cebellina (f)	**samur**	[samur]
marta (f)	**ağaç sansarı**	[aatʃ sansarı]

| comadreja (f) | gelincik | [gelindʒik] |
| visón (m) | vizon | [vizon] |

| castor (m) | kunduz | [kunduz] |
| nutria (f) | su samuru | [su samuru] |

caballo (m)	at	[at]
alce (m)	sığın	[sɪɪn]
ciervo (m)	geyik	[gejik]
camello (m)	deve	[deve]

bisonte (m)	Amerika bizonu	[amerika bizonu]
uro (m)	Avrupa bizonu	[avrupa bizonu]
búfalo (m)	manda	[manda]

cebra (f)	zebra	[zebra]
antílope (m)	antilop	[antilop]
corzo (m)	karaca	[karadʒa]
gamo (m)	alageyik	[alagejik]
gamuza (f)	çengel boynuzlu dağ keçisi	[tʃengel bojnuzlu da ketʃisi]
jabalí (m)	yaban domuzu	[jaban domuzu]

ballena (f)	balina	[balina]
foca (f)	fok	[fok]
morsa (f)	mors	[mors]
oso (m) marino	kuzey deniz ayısı	[kuzej deniz ajɪsɪ]
delfín (m)	yunus, tırtak	[junus], [tɪrtak]

oso (m)	ayı	[ajɪ]
oso (m) blanco	kutup ayısı	[kutup ajɪsɪ]
panda (f)	panda	[panda]

mono (m)	maymun	[majmun]
chimpancé (m)	şempanze	[ʃempanze]
orangután (m)	orangutan	[orangutan]
gorila (m)	goril	[goril]
macaco (m)	makak, şebek	[makak], [ʃebek]
gibón (m)	jibon	[ʒibon]

| elefante (m) | fil | [fil] |
| rinoceronte (m) | gergedan | [gergedan] |

| jirafa (f) | zürafa | [zyrafa] |
| hipopótamo (m) | su aygırı | [su ajgɪrɪ] |

| canguro (m) | kanguru | [kanguru] |
| koala (f) | koala | [koala] |

mangosta (f)	firavun faresi	[fɪravun faresi]
chinchilla (f)	şinşilla, çinçilla	[ʃinʃilla], [tʃintʃilla]
mofeta (f)	kokarca	[kokardʒa]

| espín (m) | **oklu kirpi** | [oklu kirpi] |

89. Los animales domésticos

gata (f)	kedi	[kedi]
gato (m)	erkek kedi	[erkek kedi]
perro (m)	köpek	[køpek]
caballo (m)	at	[at]
garañón (m)	aygır	[ajgır]
yegua (f)	kısrak	[kısrak]
vaca (f)	inek	[inek]
toro (m)	boğa	[boa]
buey (m)	öküz	[økyz]
oveja (f)	koyun	[kojun]
carnero (m)	koç	[kotʃ]
cabra (f)	keçi	[ketʃi]
cabrón (m)	teke	[teke]
asno (m)	eşek	[eʃek]
mulo (m)	katır	[katır]
cerdo (m)	domuz	[domuz]
cerdito (m)	domuz yavrusu	[domuz javrusu]
conejo (m)	tavşan	[tavʃan]
gallina (f)	tavuk	[tavuk]
gallo (m)	horoz	[horoz]
pato (m)	ördek	[ørdek]
ánade (m)	suna	[suna]
ganso (m)	kaz	[kaz]
pavo (m)	gurk	[gurk]
pava (f)	dişi hindi	[diʃi hindi]
animales (m pl) domésticos	evcil hayvanlar	[evdʒil hajvanlar]
domesticado (adj)	uysal	[ujsal]
domesticar (vt)	evcilleştirmek	[evdʒilleʃtirmek]
criar (vt)	yetiştirmek	[jetiʃtirmek]
granja (f)	çiftlik	[tʃiftlik]
aves (f pl) de corral	kümes hayvanları	[kymes hajvanları]
ganado (m)	çiftlik hayvanları	[tʃiftlik hajvanları]
rebaño (m)	sürü	[syry]
caballeriza (f)	ahır	[ahır]
porqueriza (f)	domuz ahırı	[domuz ahırı]
vaquería (f)	inek ahırı	[inek ahırı]
conejal (m)	tavşan kafesi	[tavʃan kafesi]
gallinero (m)	tavuk kümesi	[tavuk kymesi]

90. Los pájaros

pájaro (m)	**kuş**	[kuʃ]
paloma (f)	**güvercin**	[gyverdʒin]
gorrión (m)	**serçe**	[sertʃe]
carbonero (m)	**baştankara**	[baʃtankara]
urraca (f)	**saksağan**	[saksaan]
cuervo (m)	**karakarga**	[karakarga]
corneja (f)	**karga**	[karga]
chova (f)	**küçük karga**	[kytʃuk karga]
grajo (m)	**ekin kargası**	[ekin kargası]
pato (m)	**ördek**	[ørdek]
ganso (m)	**kaz**	[kaz]
faisán (m)	**sülün**	[sylyn]
águila (f)	**kartal**	[kartal]
azor (m)	**atmaca**	[atmadʒa]
halcón (m)	**doğan**	[doan]
buitre (m)	**akbaba**	[akbaba]
cóndor (m)	**kondor**	[kondor]
cisne (m)	**kuğu**	[kuu]
grulla (f)	**turna**	[turna]
cigüeña (f)	**leylek**	[lejlek]
loro (m), papagayo (m)	**papağan**	[papaan]
colibrí (m)	**sinek kuşu**	[sinek kuʃu]
pavo (m) real	**tavus kuşu**	[tavus kuʃu]
avestruz (m)	**deve kuşu**	[deve kuʃu]
garza (f)	**balıkçıl**	[balıktʃil]
flamenco (m)	**flamingo**	[flamingo]
pelícano (m)	**pelikan**	[pelikan]
ruiseñor (m)	**bülbül**	[bylbyl]
golondrina (f)	**kırlangıç**	[kırlangıtʃ]
tordo (m)	**tarla ardıç kuşu**	[tarla ardıtʃ kuʃu]
zorzal (m)	**öter ardıç kuşu**	[øter ardıtʃ kuʃu]
mirlo (m)	**karatavuk**	[karatavuk]
vencejo (m)	**ebabil**	[ebabil]
alondra (f)	**toygar**	[tojgar]
codorniz (f)	**bıldırcın**	[bıldırdʒın]
pájaro carpintero (m)	**ağaçkakan**	[aatʃkakan]
cuco (m)	**guguk**	[guguk]
lechuza (f)	**baykuş**	[bajkuʃ]
búho (m)	**puhu**	[puhu]

urogallo (m)	çalı horozu	[tʃalı horozu]
gallo lira (m)	kara orman tavuğu	[kara orman tavuu]
perdiz (f)	keklik	[keklik]

estornino (m)	sığırcık	[sıırdʒık]
canario (m)	kanarya	[kanarja]
ortega (f)	elâ orman tavuğu	[elâ orman tavuu]
pinzón (m)	ispinoz	[ispinoz]
camachuelo (m)	şakrak kuşu	[ʃakrak kuʃu]

gaviota (f)	martı	[martı]
albatros (m)	albatros	[albatros]
pingüino (m)	penguen	[penguen]

91. Los peces. Los animales marinos

brema (f)	çapak balığı	[tʃapak balıı]
carpa (f)	sazan	[sazan]
perca (f)	tatlı su levreği	[tatlı su levrei]
siluro (m)	yayın balığı	[jajın balıı]
lucio (m)	turna balığı	[turna balıı]

| salmón (m) | Pasifik sombalığı | [pasifik sombalıı] |
| esturión (m) | mersin balığı | [mersin balıı] |

arenque (m)	ringa	[ringa]
salmón (m) del Atlántico	Atlantik sombalığı	[atlantik sombalıı]
caballa (f)	uskumru	[uskumru]
lenguado (m)	yassı balık	[jassı balık]

lucioperca (f)	uzun levrek	[uzun levrek]
bacalao (m)	Atlantik morinası	[atlantik morinası]
atún (m)	ton balığı	[ton balıı]
trucha (f)	alabalık	[alabalık]

anguila (f)	yılan balığı	[jılan balıı]
raya (f) eléctrica	torpil balığı	[torpil balıı]
morena (f)	murana	[murana]
piraña (f)	pirana	[pirana]

tiburón (m)	köpek balığı	[køpek balıı]
delfín (m)	yunus, tırtak	[junus], [tırtak]
ballena (f)	balina	[balina]

centolla (f)	yengeç	[jengetʃ]
medusa (f)	deniz anası	[deniz anası]
pulpo (m)	ahtapot	[ahtapot]

| estrella (f) de mar | deniz yıldızı | [deniz jıldızı] |
| erizo (m) de mar | deniz kestanesi | [deniz kestanesi] |

caballito (m) de mar	deniz atı	[deniz atı]
ostra (f)	istiridye	[istiridje]
camarón (m)	karides	[karides]
bogavante (m)	ıstakoz	[ıstakoz]
langosta (f)	langust	[langust]

92. Los anfibios. Los reptiles

serpiente (f)	yılan	[jılan]
venenoso (adj)	zehirli	[zehirli]
víbora (f)	engerek	[engerek]
cobra (f)	kobra	[kobra]
pitón (m)	piton	[piton]
boa (f)	boa yılanı	[boa jılanı]
culebra (f)	yarı sucul yılan	[jarı sudʒul jılan]
serpiente (m) de cascabel	çıngıraklı yılan	[tʃırgıraklı jılan]
anaconda (f)	anakonda	[anakonda]
lagarto (m)	kertenkele	[kertenkele]
iguana (f)	iguana	[iguana]
varano (m)	varan	[varan]
salamandra (f)	salamandra	[salamandra]
camaleón (m)	bukalemun	[bukalemun]
escorpión (m)	akrep	[akrep]
tortuga (f)	kaplumbağa	[kaplumbaa]
rana (f)	kurbağa	[kurbaa]
sapo (m)	kara kurbağa	[kara kurbaa]
cocodrilo (m)	timsah	[timsah]

93. Los insectos

insecto (m)	böcek, haşere	[bødʒek], [haʃere]
mariposa (f)	kelebek	[kelebek]
hormiga (f)	karınca	[karındʒa]
mosca (f)	sinek	[sinek]
mosquito (m) (picadura de ~)	sivrisinek	[sivrisinek]
escarabajo (m)	böcek	[bødʒek]
avispa (f)	yaban arısı	[jaban arısı]
abeja (f)	arı	[arı]
abejorro (m)	bombus arısı	[toprak jaban arısı]
moscardón (m)	büvelek	[byvelek]
araña (f)	örümcek	[ørymdʒek]
telaraña (f)	örümcek ağı	[ørymdʒek aı]

libélula (f)	yusufçuk	[jusuftʃuk]
saltamontes (m)	çekirge	[tʃekirge]
mariposa (f) nocturna	gece kelebeği	[gedʒe kelebei]
cucaracha (f)	hamam böceği	[hamam bødʒei]
garrapata (f)	kene, sakırga	[kene], [sakırga]
pulga (f)	pire	[pire]
mosca (f) negra	tatarcık	[tatardʒık]
langosta (f)	madrap çekirgesi	[madrap tʃekirgesi]
caracol (m)	sümüklü böcek	[symykly bødʒek]
grillo (m)	cırcır böceği	[dʒırdʒır bødʒei]
luciérnaga (f)	ateş böceği	[ateʃ bødʒei]
mariquita (f)	uğur böceği	[uur bødʒei]
sanjuanero (m)	mayıs böceği	[majıs bødʒei]
sanguijuela (f)	sülük	[sylyk]
oruga (f)	tırtıl	[tırtıl]
lombriz (m) de tierra	solucan	[soludʒan]
larva (f)	larva, kurtçuk	[larva], [kurttʃuk]

T&P BOOKS

LA FLORA

T&P Books Publishing

árbol (m)	ağaç	[aatʃ]
foliáceo (adj)	geniş yapraklı	[geniʃ japraklı]
conífero (adj)	iğne yapraklı	[iine japraklı]
de hoja perenne	yaprak dökmeyen	[japrak døkmejen]

manzano (m)	elma ağacı	[elma aadʒı]
peral (m)	armut ağacı	[armut aadʒı]
cerezo (m)	kiraz ağacı	[kiraz aadʒı]
guindo (m)	vişne ağacı	[viʃne aadʒı]
ciruelo (m)	erik ağacı	[erik aadʒı]

abedul (m)	huş	[huʃ]
roble (m)	meşe	[meʃe]
tilo (m)	ıhlamur	[ıhlamur]
pobo (m)	titrek kavak	[titrek kavak]
arce (m)	akçaağaç	[aktʃa aatʃ]

pícea (f)	ladin	[ladin]
pino (m)	çam	[tʃam]
alerce (m)	melez	[melez]

| abeto (m) | köknar | [køknar] |
| cedro (m) | sedir | [sedir] |

| álamo (m) | kavak | [kavak] |
| serbal (m) | üvez | [yvez] |

| sauce (m) | söğüt | [søjut] |
| aliso (m) | kızılağaç | [kızılaatʃ] |

| haya (f) | kayın | [kajın] |
| olmo (m) | karaağaç | [kara aatʃ] |

| fresno (m) | dişbudak | [diʃbudak] |
| castaño (m) | kestane | [kestane] |

magnolia (f)	manolya	[manolja]
palmera (f)	palmiye	[palmije]
ciprés (m)	servi	[servi]

mangle (m)	mangrov	[mangrov]
baobab (m)	baobab	[baobab]
eucalipto (m)	okaliptüs	[okaliptys]
secoya (f)	sekoya	[sekoja]

95. Los arbustos

| mata (f) | çalı | [tʃalɪ] |
| arbusto (m) | çalılık | [tʃalɪlɪk] |

| vid (f) | üzüm | [yzym] |
| viñedo (m) | bağ | [baa] |

frambueso (m)	ahududu	[ahududu]
grosellero (m) negro	kuş üzümü bitkisi	[kuʃ yzymy bitkisi]
grosellero (m) rojo	kırmızı frenk üzümü	[kɪrmɪzɪ frenk yzymy]
grosellero (m) espinoso	bektaşi üzümü	[bektaʃi yzymy]

acacia (f)	akasya	[akasja]
berberís (m)	karamuk	[karamuk]
jazmín (m)	yasemin	[jasemin]

enebro (m)	ardıç	[ardɪtʃ]
rosal (m)	gül ağacı	[gyl aadʒɪ]
escaramujo (m)	kuşburnu	[kuʃburnu]

96. Las frutas. Las bayas

fruto (m)	meyve	[mejve]
frutos (m pl)	meyveler	[mejveler]
manzana (f)	elma	[elma]
pera (f)	armut	[armut]
ciruela (f)	erik	[erik]

fresa (f)	çilek	[tʃilek]
guinda (f)	vişne	[viʃne]
cereza (f)	kiraz	[kiraz]
uva (f)	üzüm	[yzym]

frambuesa (f)	ahududu	[ahududu]
grosella (f) negra	kuş üzümü	[kuʃ yzymy]
grosella (f) roja	kırmızı frenk üzümü	[kɪrmɪzɪ frenk yzymy]
grosella (f) espinosa	bektaşi üzümü	[bektaʃi yzymy]
arándano (m) agrio	kızılcık	[kɪzɪldʒɪk]

naranja (f)	portakal	[portakal]
mandarina (f)	mandalina	[mandalina]
piña (f)	ananas	[ananas]
banana (f)	muz	[muz]
dátil (m)	hurma	[hurma]

limón (m)	limon	[limon]
albaricoque (m)	kayısı	[kajɪsɪ]
melocotón (m)	şeftali	[ʃeftali]

| kiwi (m) | kivi | [kivi] |
| toronja (f) | greyfurt | [grejfurt] |

baya (f)	meyve, yemiş	[mejve], [jemiʃ]
bayas (f pl)	yemişler	[jemiʃler]
arándano (m) rojo	kırmızı yaban mersini	[kırmızı jaban mersini]
fresa (f) silvestre	yabani çilek	[jabani tʃilek]
arándano (m)	yaban mersini	[jaban mersini]

97. Las flores. Las plantas

| flor (f) | çiçek | [tʃitʃek] |
| ramo (m) de flores | buket, çiçek demeti | [buket], [tʃitʃek demeti] |

rosa (f)	gül	[gyl]
tulipán (m)	lale	[lale]
clavel (m)	karanfil	[karanfil]
gladiolo (m)	glayöl	[glajøl]

aciano (m)	peygamber çiçeği	[pejgamber tʃitʃei]
campanilla (f)	çançiçeği	[tʃantʃitʃei]
diente (m) de león	hindiba	[hindiba]
manzanilla (f)	yabani papatya	[jabani papatja]

áloe (m)	sarısabır	[sarısabır]
cacto (m)	kaktüs	[kaktys]
ficus (m)	kauçuk ağacı	[kautʃuk aadʒı]

azucena (f)	zambak	[zambak]
geranio (m)	sardunya	[sardunija]
jacinto (m)	sümbül	[symbyl]

mimosa (f)	mimoza	[mimoza]
narciso (m)	nergis	[nergis]
capuchina (f)	Latin çiçeği	[latin tʃitʃei]

orquídea (f)	orkide	[orkide]
peonía (f)	şakayık	[ʃakajık]
violeta (f)	menekşe	[menekʃe]

trinitaria (f)	hercai menekşe	[herdʒai menekʃe]
nomeolvides (f)	unutmabeni	[unutmabeni]
margarita (f)	papatya	[papatja]

amapola (f)	haşhaş	[haʃhaʃ]
cáñamo (m)	kendir	[kendir]
menta (f)	nane	[nane]

| muguete (m) | inci çiçeği | [indʒi tʃitʃei] |
| campanilla (f) de las nieves | kardelen | [kardelen] |

ortiga (f)	ısırgan otu	[ısırgan otu]
acedera (f)	kuzukulağı	[kuzukulaı]
nenúfar (m)	beyaz nilüfer	[bejaz nilyfer]
helecho (m)	eğreltiotu	[eereltiotu]
liquen (m)	liken	[liken]

invernadero (m) tropical	limonluk	[limonlyk]
césped (m)	çimen	[ʧimen]
macizo (m) de flores	çiçek tarhı	[ʧiʧek tarhı]

planta (f)	bitki	[bitki]
hierba (f)	ot	[ot]
hoja (f) de hierba	ot çöpü	[ot ʧøpy]

hoja (f)	yaprak	[japrak]
pétalo (m)	taçyaprak	[tatʧjaprak]
tallo (m)	sap	[sap]
tubérculo (m)	yumru	[jumru]

| retoño (m) | fidan | [fidan] |
| espina (f) | diken | [diken] |

florecer (vi)	çiçeklenmek	[ʧiʧeklenmek]
marchitarse (vr)	solmak	[solmak]
olor (m)	koku	[koku]
cortar (vt)	kesmek	[kesmek]
coger (una flor)	koparmak	[koparmak]

98. Los cereales, los granos

grano (m)	tahıl, tane	[tahıl], [tane]
cereales (m pl) (plantas)	tahıllar	[tahıllar]
espiga (f)	başak	[baʃak]

trigo (m)	buğday	[buudaj]
centeno (m)	çavdar	[ʧavdar]
avena (f)	yulaf	[julaf]

| mijo (m) | darı | [darı] |
| cebada (f) | arpa | [arpa] |

maíz (m)	mısır	[mısır]
arroz (m)	pirinç	[pirinʧ]
alforfón (m)	karabuğday	[karabuudaj]

guisante (m)	bezelye	[bezelje]
fréjol (m)	kırmızı fasulye	[kırmızı fasulje]
soya (f)	soya	[soja]
lenteja (f)	mercimek	[merʤimek]
habas (f pl)	fasulye	[fasulje]

T&P BOOKS

LOS PAÍSES

T&P Books Publishing

Afganistán (m)	**Afganistan**	[afganistan]
Albania (f)	**Arnavutluk**	[arnavutluk]
Alemania (f)	**Almanya**	[almanja]
Arabia (f) Saudita	**Suudi Arabistan**	[suudi arabistan]
Argentina (f)	**Arjantin**	[arʒantin]
Armenia (f)	**Ermenistan**	[ermenistan]
Australia (f)	**Avustralya**	[avustralja]
Austria (f)	**Avusturya**	[avusturja]
Azerbaiyán (m)	**Azerbaycan**	[azerbajdʒan]
Bangladesh (m)	**Bangladeş**	[bangladeʃ]
Bélgica (f)	**Belçika**	[beltʃika]
Bielorrusia (f)	**Beyaz Rusya**	[bejaz rusja]
Bolivia (f)	**Bolivya**	[bolivja]
Bosnia y Herzegovina	**Bosna-Hersek**	[bosna hertsek]
Brasil (m)	**Brezilya**	[brezilja]
Bulgaria (f)	**Bulgaristan**	[bulgaristan]
Camboya (f)	**Kamboçya**	[kambotʃja]
Canadá (f)	**Kanada**	[kanada]
Chequia (f)	**Çek Cumhuriyeti**	[tʃek dʒumhurijeti]
Chile (m)	**Şili**	[ʃili]
China (f)	**Çin**	[tʃin]
Chipre (m)	**Kıbrıs**	[kıbrıs]
Colombia (f)	**Kolombiya**	[kolombija]
Corea (f) del Norte	**Kuzey Kore**	[kuzej kore]
Corea (f) del Sur	**Güney Kore**	[gynej kore]
Croacia (f)	**Hırvatistan**	[hırvatistan]
Cuba (f)	**Küba**	[kyba]
Dinamarca (f)	**Danimarka**	[danimarka]
Ecuador (m)	**Ekvator**	[ekvator]
Egipto (m)	**Mısır**	[mısır]
Emiratos (m pl) Árabes Unidos	**Birleşik Arap Emirlikleri**	[birleʃik arap emirlikleri]
Escocia (f)	**İskoçya**	[iskotʃja]
Eslovaquia (f)	**Slovakya**	[slovakja]
Eslovenia	**Slovenya**	[slovenja]
España (f)	**İspanya**	[ispanja]
Estados Unidos de América	**Amerika Birleşik Devletleri**	[amerika birleʃik devletleri]
Estonia (f)	**Estonya**	[estonja]
Finlandia (f)	**Finlandiya**	[finlandja]
Francia (f)	**Fransa**	[fransa]

100. Los países. Unidad 2

Georgia (f)	Gürcistan	[gyrdʒistan]
Ghana (f)	Gana	[gana]
Gran Bretaña (f)	Büyük Britanya	[byjuk britanja]
Grecia (f)	Yunanistan	[junanistan]
Haití (m)	Haiti	[haiti]
Hungría (f)	Macaristan	[madʒaristan]
India (f)	Hindistan	[hindistan]
Indonesia (f)	Endonezya	[endonezja]
Inglaterra (f)	İngiltere	[ingiltere]
Irak (m)	Irak	[ırak]
Irán (m)	İran	[iran]
Irlanda (f)	İrlanda	[irlanda]
Islandia (f)	İzlanda	[izlanda]
Islas (f pl) Bahamas	Bahama Adaları	[bahama adaları]
Israel (m)	İsrail	[israil]
Italia (f)	İtalya	[italja]
Jamaica (f)	Jamaika	[ʒamajka]
Japón (m)	Japonya	[ʒaponja]
Jordania (f)	Ürdün	[urdyn]
Kazajstán (m)	Kazakistan	[kazakistan]
Kenia (f)	Kenya	[kenja]
Kirguizistán (m)	Kırgızistan	[kırgızistan]
Kuwait (m)	Kuveyt	[kuvejt]
Laos (m)	Laos	[laos]
Letonia (f)	Letonya	[letonja]
Líbano (m)	Lübnan	[lybnan]
Libia (f)	Libya	[libja]
Liechtenstein (m)	Lihtenştayn	[lihtenʃtajn]
Lituania (f)	Litvanya	[litvanja]
Luxemburgo (m)	Lüksemburg	[lyksemburg]
Macedonia	Makedonya	[makedonja]
Madagascar (m)	Madagaskar	[madagaskar]
Malasia (f)	Malezya	[malezja]
Malta (f)	Malta	[malta]
Marruecos (m)	Fas	[fas]
Méjico (m)	Meksika	[meksika]
Moldavia (f)	Moldova	[moldova]
Mónaco (m)	Monako	[monako]
Mongolia (f)	Moğolistan	[moolistan]
Montenegro (m)	Karadağ	[karadaa]
Myanmar (m)	Myanmar	[mjanmar]

101. Los países. Unidad 3

Namibia (f)	**Namibya**	[namibja]
Nepal (m)	**Nepal**	[nepal]
Noruega (f)	**Norveç**	[norvetʃ]
Nueva Zelanda (f)	**Yeni Zelanda**	[jeni zelanda]
Países Bajos (m pl)	**Hollanda**	[hollanda]
Pakistán (m)	**Pakistan**	[pakistan]
Palestina (f)	**Filistin**	[filistin]
Panamá (f)	**Panama**	[panama]
Paraguay (m)	**Paraguay**	[paraguaj]
Perú (m)	**Peru**	[peru]
Polinesia (f) Francesa	**Fransız Polinezyası**	[fransız polinezjası]
Polonia (f)	**Polonya**	[polonja]
Portugal (m)	**Portekiz**	[portekiz]
República (f) Dominicana	**Dominik Cumhuriyeti**	[dominik dʒumhurijeti]
República (f) Sudafricana	**Güney Afrika Cumhuriyeti**	[gynej afrika dʒumhurijeti]
Rumania (f)	**Romanya**	[romanja]
Rusia (f)	**Rusya**	[rusja]
Senegal (m)	**Senegal**	[senegal]
Serbia (f)	**Sırbistan**	[sırbistan]
Siria (f)	**Suriye**	[surije]
Suecia (f)	**İsveç**	[isvetʃ]
Suiza (f)	**İsviçre**	[isvitʃre]
Surinam (m)	**Surinam**	[surinam]
Tayikistán (m)	**Tacikistan**	[tadʒikistan]
Tailandia (f)	**Tayland**	[tailand]
Taiwán (m)	**Tayvan**	[tajvan]
Tanzania (f)	**Tanzanya**	[tanzanja]
Tasmania (f)	**Tazmanya**	[tazmanija]
Túnez (m)	**Tunus**	[tunus]
Turkmenistán (m)	**Türkmenistan**	[tyrkmenistan]
Turquía (f)	**Türkiye**	[tyrkije]
Ucrania (f)	**Ukrayna**	[ukrajna]
Uruguay (m)	**Uruguay**	[urugvaj]
Uzbekistán (m)	**Özbekistan**	[øzbekistan]
Vaticano (m)	**Vatikan**	[vatikan]
Venezuela (f)	**Venezuela**	[venezuela]
Vietnam (m)	**Vietnam**	[vjetnam]
Zanzíbar (m)	**Zanzibar**	[zanzibar]

T&P BOOKS

GLOSARIO GASTRONÓMICO

Esta sección contiene una
gran cantidad de palabras y
términos asociados con la
comida. Este diccionario le hará
más fácil la comprensión
del menú de un restaurante y
la elección del plato adecuado

T&P Books Publishing

Español	Turco	Pronunciación
¡Que aproveche!	Afiyet olsun!	[afijet olsun]
abrebotellas (m)	şişe açacağı	[ʃiʃe atʃadʒaɪ]
abrelatas (m)	konserve açacağı	[konserve atʃadʒaɪ]
aceite (m) de girasol	ayçiçeği yağı	[ajtʃitʃeɪ jaɪ]
aceite (m) de oliva	zeytinyağı	[zejtinjaaɪ]
aceite (m) vegetal	bitkisel yağ	[bitkisel jaa]
agua (f)	su	[su]
agua (f) mineral	maden suyu	[maden suju]
agua (f) potable	içme suyu	[itʃme suju]
aguacate (m)	avokado	[avokado]
ahumado (adj)	tütsülenmiş, füme	[tytsylenmiʃ], [fyme]
ajo (m)	sarımsak	[sarımsak]
albahaca (f)	fesleğen	[fesleen]
albaricoque (m)	kayısı	[kajısı]
alcachofa (f)	enginar	[enginar]
alforfón (m)	karabuğday	[karabuudaj]
almendra (f)	badem	[badem]
almuerzo (m)	öğle yemeği	[ø:le jemei]
amargo (adj)	acı	[adʒı]
anís (m)	anason	[anason]
anguila (f)	yılan balığı	[jılan balıı]
aperitivo (m)	aperatif	[aperatif]
apetito (m)	iştah	[iʃtah]
apio (m)	kereviz	[kereviz]
arándano (m)	yaban mersini	[jaban mersini]
arándano (m) agrio	kızılcık	[kızıldʒık]
arándano (m) rojo	kırmızı yaban mersini	[kırmızı jaban mersini]
arenque (m)	ringa	[ringa]
arroz (m)	pirinç	[pirintʃ]
atún (m)	ton balığı	[ton balıı]
avellana (f)	fındık	[fındık]
avena (f)	yulaf	[julaf]
azúcar (m)	şeker	[ʃeker]
azafrán (m)	safran	[safran]
azucarado, dulce (adj)	tatlı	[tatlı]
bacalao (m)	morina balığı	[morina balıı]
banana (f)	muz	[muz]
bar (m)	bar	[bar]
barman (m)	barmen	[barmen]
batido (m)	milkshake, sütlü içecek	[milkshake], [sytly itʃedʒek]
baya (f)	meyve, yemiş	[mejve], [jemiʃ]
bayas (f pl)	yemişler	[jemiʃler]
bebida (f) sin alcohol	alkolsüz içki	[alkolsyz itʃki]
bebidas (f pl) alcohólicas	alkollü içkiler	[alkolly itʃkiler]

beicon (m)	domuz pastırması	[domuz pastırması]
berenjena (f)	patlıcan	[patlıdʒan]
bistec (m)	biftek	[biftek]
bocadillo (m)	sandviç	[sandvitʃ]
boleto (m) áspero	ak ağaç mantarı	[ak aatʃ mantarı]
boleto (m) castaño	kavak mantarı	[kavak mantarı]
brócoli (m)	brokoli	[brokoli]
brema (f)	çapak balığı	[tʃapak balıı]
cóctel (m)	kokteyl	[koktejl]
caballa (f)	uskumru	[uskumru]
cacahuete (m)	yerfıstığı	[jerfıstıı]
café (m)	kahve	[kahve]
café (m) con leche	sütlü kahve	[sytly kahve]
café (m) solo	sade kahve	[sade kahve]
café (m) soluble	hazır kahve	[hazır kahve]
calabacín (m)	sakız kabağı	[sakız kabaı]
calabaza (f)	kabak	[kabak]
calamar (m)	kalamar	[kalamar]
caldo (m)	bulyon	[buljon]
caliente (adj)	sıcak	[sıdʒak]
caloría (f)	kalori	[kalori]
camarón (m)	karides	[karides]
camarera (f)	kadın garson	[kadın garson]
camarero (m)	garson	[garson]
canela (f)	tarçın	[tartʃın]
cangrejo (m) de mar	yengeç	[jengetʃ]
capuchino (m)	kapuçino	[kaputʃino]
caramelo (m)	şekerleme	[ʃekerleme]
carbohidratos (m pl)	karbonhidratlar	[karbonhidratlar]
carne (f)	et	[et]
carne (f) de carnero	koyun eti	[kojun eti]
carne (f) de cerdo	domuz eti	[domuz eti]
carne (f) de ternera	dana eti	[dana eti]
carne (f) de vaca	sığır eti	[sıır eti]
carne (f) picada	kıyma	[kıjma]
carpa (f)	sazan	[sazan]
carta (f) de vinos	şarap listesi	[ʃarap listesi]
carta (f), menú (m)	menü	[meny]
caviar (m)	havyar	[havjar]
caza (f) menor	av hayvanları	[av hajvanları]
cebada (f)	arpa	[arpa]
cebolla (f)	soğan	[soan]
cena (f)	akşam yemeği	[akʃam jemei]
centeno (m)	çavdar	[tʃavdar]
cereales (m pl)	tahıllar	[tahıllar]
cereales (m pl) integrales	kırma hububat	[kırma hububat]
cereza (f)	kiraz	[kiraz]
cerveza (f)	bira	[bira]
cerveza (f) negra	siyah bira	[sijah bira]
cerveza (f) rubia	hafif bira	[hafif bira]
champaña (f)	şampanya	[ʃampanja]
chicle (m)	sakız, çiklet	[sakız], [tʃiklet]

chocolate (m)	çikolata	[tʃikolata]
cilantro (m)	kişniş	[kiʃniʃ]
ciruela (f)	erik	[erik]
clara (f)	yumurta akı	[jumurta akı]
clavo (m)	karanfil	[karanfil]
coñac (m)	konyak	[konjak]
cocido en agua (adj)	haşlanmış	[haʃlanmıʃ]
cocina (f)	mutfak	[mutfak]
col (f)	lahana	[lahana]
col (f) de Bruselas	Brüksel lâhanası	[bryksel lahanası]
coliflor (f)	karnabahar	[karnabahar]
colmenilla (f)	kuzugöbeği mantarı	[kuzugøbei mantarı]
comida (f)	yemek	[jemek]
comino (m)	frenk kimyonu	[frenk kimjonu]
con gas	maden	[maden]
con hielo	buzlu	[buzlu]
condimento (m)	çeşni	[tʃeʃni]
conejo (m)	tavşan eti	[tavʃan eti]
confitura (f)	reçel	[retʃel]
confitura (f)	reçel	[retʃel]
congelado (adj)	dondurulmuş	[dondurulmuʃ]
conservas (f pl)	konserve	[konserve]
copa (f) de vino	kadeh	[kade]
copos (m pl) de maíz	mısır gevreği	[mısır gevrei]
crema (f) de mantequilla	krema	[krema]
crustáceos (m pl)	kabuklular	[kabuklular]
cuchara (f)	kaşık	[kaʃık]
cuchara (f) de sopa	yemek kaşığı	[jemek kaʃıı]
cucharilla (f)	çay kaşığı	[tʃaj kaʃıı]
cuchillo (m)	bıçak	[bıtʃak]
cuenta (f)	hesap	[hesap]
dátil (m)	hurma	[hurma]
de chocolate (adj)	çikolatalı	[tʃikolatalı]
desayuno (m)	kahvaltı	[kahvaltı]
dieta (f)	rejim, diyet	[reʒim], [dijet]
eneldo (m)	dereotu	[dereotu]
ensalada (f)	salata	[salata]
entremés (m)	aperatif, meze	[aperatif], [meze]
espárrago (m)	kuşkonmaz	[kuʃkonmaz]
espagueti (m)	spagetti	[spagetti]
especia (f)	baharat	[baharat]
espiga (f)	başak	[baʃak]
espinaca (f)	ıspanak	[ıspanak]
esturión (m)	mersin balığı	[mersin balıı]
fletán (m)	pisi balığı	[pisi balıı]
fréjol (m)	barbunya	[barbunja]
frío (adj)	soğuk	[souk]
frambuesa (f)	ahududu	[ahududu]
fresa (f)	çilek	[tʃilek]
fresa (f) silvestre	yabani çilek	[jabani tʃilek]
frito (adj)	kızartılmış	[kızartılmıʃ]
fruto (m)	meyve	[mejve]

frutos (m pl)	meyveler	[mejveler]
gachas (f pl)	lâpa	[lapa]
galletas (f pl)	kurabiye	[kurabije]
gallina (f)	tavuk eti	[tavuk eti]
ganso (m)	kaz	[kaz]
gaseoso (adj)	gazlı	[gazlı]
ginebra (f)	cin	[dʒin]
gofre (m)	gofret	[gofret]
granada (f)	nar	[nar]
grano (m)	tahıl, tane	[tahıl], [tane]
grasas (f pl)	yağlar	[jaalar]
grosella (f) espinosa	bektaşi üzümü	[bektaʃi yzymy]
grosella (f) negra	kuş üzümü	[kuʃ yzymy]
grosella (f) roja	kırmızı frenk üzümü	[kırmızı frenk yzymy]
guarnición (f)	garnitür	[garnityr]
guinda (f)	vişne	[viʃne]
guisante (m)	bezelye	[bezelje]
hígado (m)	ciğer	[dʒier]
habas (f pl)	fasulye	[fasulje]
hamburguesa (f)	hamburger	[hamburger]
harina (f)	un	[un]
helado (m)	dondurma	[dondurma]
hielo (m)	buz	[buz]
higo (m)	incir	[indʒir]
hoja (f) de laurel	defne yaprağı	[defne japraı]
huevo (m)	yumurta	[jumurta]
huevos (m pl)	yumurtalar	[jumurtalar]
huevos (m pl) fritos	sahanda yumurta	[sahanda jumurta]
jamón (m)	jambon	[ʒambon]
jamón (m) fresco	tütsülenmiş jambon	[tytsylenmiʃ ʒambon]
jengibre (m)	zencefil	[zendʒefil]
jugo (m) de tomate	domates suyu	[domates suju]
kiwi (m)	kivi	[kivi]
langosta (f)	langust	[langust]
leche (f)	süt	[syt]
leche (f) condensada	yoğunlaştırılmış süt	[jounlaʃtırılmıʃ syt]
lechuga (f)	marul	[marul]
legumbres (f pl)	sebze	[sebze]
lengua (f)	dil	[dil]
lenguado (m)	yassı balık	[jassı balık]
lenteja (f)	mercimek	[merdʒimek]
licor (m)	likör	[likør]
limón (m)	limon	[limon]
limonada (f)	limonata	[limonata]
loncha (f)	dilim	[dilim]
lucio (m)	turna balığı	[turna balıı]
lucioperca (f)	uzun levrek	[uzun levrek]
maíz (m)	mısır	[mısır]
maíz (m)	mısır	[mısır]
macarrones (m pl)	makarna	[makarna]
mandarina (f)	mandalina	[mandalina]
mango (m)	mango	[mango]

mantequilla (f)	**tereyağı**	[terejaı]
manzana (f)	**elma**	[elma]
margarina (f)	**margarin**	[margarin]
marinado (adj)	**turşu**	[turʃu]
mariscos (m pl)	**deniz ürünleri**	[deniz yrynleri]
matamoscas (m)	**sinek mantarı**	[sinek mantarı]
mayonesa (f)	**mayonez**	[majonez]
melón (m)	**kavun**	[kavun]
melocotón (m)	**şeftali**	[ʃeftali]
mermelada (f)	**marmelat**	[marmelat]
miel (f)	**bal**	[bal]
miga (f)	**kırıntı**	[kırıntı]
mijo (m)	**darı**	[darı]
mini tarta (f)	**tek kişilik pasta**	[tek kiʃilik pasta]
mondadientes (m)	**kürdan**	[kyrdan]
mostaza (f)	**hardal**	[hardal]
nabo (m)	**şalgam**	[ʃalgam]
naranja (f)	**portakal**	[portakal]
nata (f) agria	**ekşi krema**	[ekʃi krema]
nata (f) líquida	**süt kaymağı**	[syt kajmaı]
nuez (f)	**ceviz**	[dʒeviz]
nuez (f) de coco	**Hindistan cevizi**	[hindistan dʒevizi]
olivas, aceitunas (f pl)	**zeytin**	[zejtin]
oronja (f) verde	**köygöçüren mantarı**	[køjgøtʃuren mantarı]
ostra (f)	**istiridye**	[istiridje]
pan (m)	**ekmek**	[ekmek]
papaya (f)	**papaya**	[papaja]
paprika (f)	**kırmızı biber**	[kırmızı biber]
pasas (f pl)	**kuru üzüm**	[kuru yzym]
pasteles (m pl)	**şekerleme**	[ʃekerleme]
paté (m)	**ciğer pate**	[dʒier pate]
patata (f)	**patates**	[patates]
pato (m)	**ördek**	[ørdek]
pava (f)	**hindi**	[hindi]
pedazo (m)	**parça**	[partʃa]
pepino (m)	**salatalık**	[salatalık]
pera (f)	**armut**	[armut]
perca (f)	**tatlı su levreği**	[tatlı su levrei]
perejil (m)	**maydanoz**	[majdanoz]
pescado (m)	**balık**	[balık]
piña (f)	**ananas**	[ananas]
piel (f)	**kabuk**	[kabuk]
pimienta (f) negra	**karabiber**	[karabiber]
pimienta (f) roja	**kırmızı pul biber**	[kırmızı pul biber]
pimiento (m) dulce	**dolma biber**	[dolma biber]
pistachos (m pl)	**antep fıstığı**	[antep fıstıı]
pizza (f)	**pizza**	[pizza]
platillo (m)	**fincan tabağı**	[findʒan tabaı]
plato (m)	**yemek**	[jemek]
plato (m)	**tabak**	[tabak]
pomelo (m)	**greyfurt**	[grejfurt]
porción (f)	**porsiyon**	[porsijon]

postre (m)	tatlı	[tatlı]
propina (f)	bahşiş	[bahʃiʃ]
proteínas (f pl)	proteinler	[proteinler]
pudin (m)	muhallebi, puding	[muhallebi], [puding]
puré (m) de patatas	patates püresi	[patates pyresi]
queso (m)	peynir	[pejnir]
rábano (m)	turp	[turp]
rábano (m) picante	bayırturpu	[bajırturpu]
rúsula (f)	Russula mantarı	[russula mantarı]
rebozuelo (m)	horozmantarı	[horoz mantarı]
receta (f)	yemek tarifi	[jemek tarifı]
refresco (m)	soğuk meşrubat	[souk meʃrubat]
regusto (m)	ağızda kalan tat	[aızda kalan tat]
relleno (m)	iç malzeme	[itʃ malzeme]
remolacha (f)	pancar	[pandʒar]
ron (m)	rom	[rom]
sésamo (m)	susam	[susam]
sabor (m)	tat	[tat]
sabroso (adj)	tatlı, lezzetli	[tatlı], [lezzetli]
sacacorchos (m)	tirbuşon	[tirbyʃon]
sal (f)	tuz	[tuz]
salado (adj)	tuzlu	[tuzlu]
salchichón (m)	sucuk, sosis	[sudʒuk], [sosis]
salchicha (f)	sosis	[sosis]
salmón (m)	somon balığı	[somon balıı]
salmón (m) del Atlántico	Atlantik sombalığı	[atlantik sombalıı]
salsa (f)	salça, sos	[saltʃa], [sos]
sandía (f)	karpuz	[karpuz]
sardina (f)	sardalye	[sardalje]
seco (adj)	kuru, kurutulmuş	[kuru], [kurutulmuʃ]
seta (f)	mantar	[mantar]
seta (f) comestible	yenen mantar	[jenen mantar]
seta (f) venenosa	zehirli mantar	[zehirli mantar]
seta calabaza (f)	çörek mantarı	[tʃørek mantarı]
siluro (m)	yayın balığı	[jajın balıı]
sin alcohol	alkolsüz	[alkolsyz]
sin gas	gazsız	[gazsız]
sopa (f)	çorba	[tʃorba]
soya (f)	soya	[soja]
té (m)	çay	[tʃaj]
té (m) negro	siyah çay	[sijah tʃaj]
té (m) verde	yeşil çay	[jeʃil tʃaj]
tallarines (m pl)	erişte	[eriʃte]
tarta (f)	kek, pasta	[kek], [pasta]
tarta (f)	turta	[turta]
taza (f)	fincan	[findʒan]
tenedor (m)	çatal	[tʃatal]
tiburón (m)	köpek balığı	[køpek balıı]
tomate (m)	domates	[domates]
tortilla (f) francesa	omlet	[omlet]
trigo (m)	buğday	[buudaj]
trucha (f)	alabalık	[alabalık]

uva (f)	üzüm	[yzym]
vaso (m)	bardak	[bardak]
vegetariano (adj)	vejetaryen	[veʒetarien]
vegetariano (m)	vejetaryen kimse	[veʒetarien kimse]
verduras (f pl)	yeşillik	[jeʃilik]
vermú (m)	vermut	[vermut]
vinagre (m)	sirke	[sirke]
vino (m)	şarap	[ʃarap]
vino (m) blanco	beyaz şarap	[bejaz ʃarap]
vino (m) tinto	kırmızı şarap	[kɪrmɪzɪ ʃarap]
vitamina (f)	vitamin	[vitamin]
vodka (m)	votka	[votka]
whisky (m)	viski	[viski]
yema (f)	yumurta sarısı	[jumurta sarısı]
yogur (m)	yoğurt	[jourt]
zanahoria (f)	havuç	[havutʃ]
zarzamoras (f pl)	böğürtlen	[bøjurtlen]
zumo (m) de naranja	portakal suyu	[portakal suju]
zumo (m) fresco	taze meyve suyu	[taze mejve suju]
zumo (m), jugo (m)	meyve suyu	[mejve suju]

Turco-Español glosario gastronómico

iç malzeme	[itʃ malzeme]	relleno (m)
içme suyu	[itʃme suju]	agua (f) potable
iştah	[iʃtah]	apetito (m)
incir	[indʒir]	higo (m)
istiridye	[istiridje]	ostra (f)
çikolata	[tʃikolata]	chocolate (m)
çikolatalı	[tʃikolatalı]	de chocolate (adj)
çilek	[tʃilek]	fresa (f)
çörek mantarı	[tʃørek mantarı]	seta calabaza (f)
çapak balığı	[tʃapak balıı]	brema (f)
çatal	[tʃatal]	tenedor (m)
çavdar	[tʃavdar]	centeno (m)
çay	[tʃaj]	té (m)
çay kaşığı	[tʃaj kaʃıı]	cucharilla (f)
çeşni	[tʃeʃni]	condimento (m)
çorba	[tʃorba]	sopa (f)
öğle yemeği	[ø:le jemei]	almuerzo (m)
ördek	[ørdek]	pato (m)
üzüm	[yzym]	uva (f)
ıspanak	[ıspanak]	espinaca (f)
şişe açacağı	[ʃiʃe atʃadʒaı]	abrebotellas (m)
şalgam	[ʃalgam]	nabo (m)
şampanya	[ʃampanja]	champaña (f)
şarap	[ʃarap]	vino (m)
şarap listesi	[ʃarap listesi]	carta (f) de vinos
şeftali	[ʃeftali]	melocotón (m)
şeker	[ʃeker]	azúcar (m)
şekerleme	[ʃekerleme]	pasteles (m pl)
şekerleme	[ʃekerleme]	caramelo (m)
ağızda kalan tat	[aızda kalan tat]	regusto (m)
acı	[adʒı]	amargo (adj)
Afiyet olsun!	[afijet olsun]	¡Que aproveche!
ahududu	[ahududu]	frambuesa (f)
ak ağaç mantarı	[ak aatʃ mantarı]	boleto (m) áspero
akşam yemeği	[akʃam jemei]	cena (f)
alabalık	[alabalık]	trucha (f)
alkollü içkiler	[alkolly itʃkiler]	bebidas (f pl) alcohólicas
alkolsüz	[alkolsyz]	sin alcohol
alkolsüz içki	[alkolsyz itʃki]	bebida (f) sin alcohol
ananas	[ananas]	piña (f)
anason	[anason]	anís (m)
antep fıstığı	[antep fıstıı]	pistachos (m pl)
aperatif	[aperatif]	aperitivo (m)
aperatif, meze	[aperatif], [meze]	entremés (m)

armut	[armut]	pera (f)
arpa	[arpa]	cebada (f)
Atlantik sombalığı	[atlantik sombalıı]	salmón (m) del Atlántico
av hayvanları	[av hajvanları]	caza (f) menor
avokado	[avokado]	aguacate (m)
ayçiçeği yağı	[ajtʃitʃeɪ jaı]	aceite (m) de girasol
biftek	[biftek]	bistec (m)
bira	[bira]	cerveza (f)
bitkisel yağ	[bitkisel jaa]	aceite (m) vegetal
böğürtlen	[bøjurtlen]	zarzamoras (f pl)
bıçak	[bıtʃak]	cuchillo (m)
başak	[baʃak]	espiga (f)
badem	[badem]	almendra (f)
bahşiş	[bahʃiʃ]	propina (f)
baharat	[baharat]	especia (f)
bal	[bal]	miel (f)
balık	[balık]	pescado (m)
bar	[bar]	bar (m)
barbunya	[barbunja]	fréjol (m)
bardak	[bardak]	vaso (m)
barmen	[barmen]	barman (m)
bayırturpu	[bajırturpu]	rábano (m) picante
bektaşi üzümü	[bektaʃi yzymy]	grosella (f) espinosa
beyaz şarap	[bejaz ʃarap]	vino (m) blanco
bezelye	[bezelje]	guisante (m)
Brüksel lâhanası	[bryksel lahanası]	col (f) de Bruselas
brokoli	[brokoli]	brócoli (m)
buğday	[buudaj]	trigo (m)
bulyon	[buljon]	caldo (m)
buz	[buz]	hielo (m)
buzlu	[buzlu]	con hielo
ciğer	[dʒier]	hígado (m)
ciğer pate	[dʒier pate]	paté (m)
cin	[dʒin]	ginebra (f)
ceviz	[dʒeviz]	nuez (f)
dil	[dil]	lengua (f)
dilim	[dilim]	loncha (f)
dana eti	[dana eti]	carne (f) de ternera
darı	[darı]	mijo (m)
defne yaprağı	[defne japraı]	hoja (f) de laurel
deniz ürünleri	[deniz yrynleri]	mariscos (m pl)
dereotu	[dereotu]	eneldo (m)
dolma biber	[dolma biber]	pimiento (m) dulce
domates	[domates]	tomate (m)
domates suyu	[domates suju]	jugo (m) de tomate
domuz eti	[domuz eti]	carne (f) de cerdo
domuz pastırması	[domuz pastırması]	beicon (m)
dondurma	[dondurma]	helado (m)
dondurulmuş	[dondurulmuʃ]	congelado (adj)
ekşi krema	[ekʃi krema]	nata (f) agria
ekmek	[ekmek]	pan (m)
elma	[elma]	manzana (f)

enginar	[enginar]	alcachofa (f)
erişte	[eriʃte]	tallarines (m pl)
erik	[erik]	ciruela (f)
et	[et]	carne (f)
fincan	[findʒan]	taza (f)
fincan tabağı	[findʒan tabaı]	platillo (m)
fındık	[fındık]	avellana (f)
fasulye	[fasulje]	habas (f pl)
fesleğen	[fesleen]	albahaca (f)
frenk kimyonu	[frenk kimjonu]	comino (m)
garnitür	[garnityr]	guarnición (f)
garson	[garson]	camarero (m)
gazlı	[gazlı]	gaseoso (adj)
gazsız	[gazsız]	sin gas
gofret	[gofret]	gofre (m)
greyfurt	[grejfurt]	pomelo (m)
hindi	[hindi]	pava (f)
Hindistan cevizi	[hindistan dʒevizi]	nuez (f) de coco
haşlanmış	[haʃlanmıʃ]	cocido en agua (adj)
hafif bira	[hafif bira]	cerveza (f) rubia
hamburger	[hamburger]	hamburguesa (f)
hardal	[hardal]	mostaza (f)
havuç	[havutʃ]	zanahoria (f)
havyar	[havjar]	caviar (m)
hazır kahve	[hazır kahve]	café (m) soluble
hesap	[hesap]	cuenta (f)
horozmantarı	[horoz mantarı]	rebozuelo (m)
hurma	[hurma]	dátil (m)
jambon	[ʒambon]	jamón (m)
kişniş	[kiʃniʃ]	cilantro (m)
kiraz	[kiraz]	cereza (f)
kivi	[kivi]	kiwi (m)
köpek balığı	[køpek balıı]	tiburón (m)
köygöçüren mantarı	[køjgøtʃuren mantarı]	oronja (f) verde
kürdan	[kyrdan]	mondadientes (m)
kırıntı	[kırıntı]	miga (f)
kırmızı şarap	[kırmızı ʃarap]	vino (m) tinto
kırmızı biber	[kırmızı biber]	paprika (f)
kırmızı frenk üzümü	[kırmızı frenk yzymy]	grosella (f) roja
kırmızı pul biber	[kırmızı pul biber]	pimienta (f) roja
kırmızı yaban mersini	[kırmızı jaban mersini]	arándano (m) rojo
kırma hububat	[kırma hububat]	cereales (m pl) integrales
kıyma	[kıjma]	carne (f) picada
kızılcık	[kızıldʒık]	arándano (m) agrio
kızartılmış	[kızartılmıʃ]	frito (adj)
kaşık	[kaʃık]	cuchara (f)
kabak	[kabak]	calabaza (f)
kabuk	[kabuk]	piel (f)
kabuklular	[kabuklular]	crustáceos (m pl)
kadın garson	[kadın garson]	camarera (f)
kadeh	[kade]	copa (f) de vino
kahvaltı	[kahvaltı]	desayuno (m)

kahve	[kahve]	café (m)
kalamar	[kalamar]	calamar (m)
kalori	[kalori]	caloría (f)
kapuçino	[kaputʃino]	capuchino (m)
karides	[karides]	camarón (m)
karabiber	[karabiber]	pimienta (f) negra
karabuğday	[karabuudaj]	alforfón (m)
karanfil	[karanfil]	clavo (m)
karbonhidratlar	[karbonhidratlar]	carbohidratos (m pl)
karnabahar	[karnabahar]	coliflor (f)
karpuz	[karpuz]	sandía (f)
kavak mantarı	[kavak mantarı]	boleto (m) castaño
kavun	[kavun]	melón (m)
kayısı	[kajısı]	albaricoque (m)
kaz	[kaz]	ganso (m)
kek, pasta	[kek], [pasta]	tarta (f)
kereviz	[kereviz]	apio (m)
kokteyl	[koktejl]	cóctel (m)
konserve	[konserve]	conservas (f pl)
konserve açacağı	[konserve atʃadʒaı]	abrelatas (m)
konyak	[konjak]	coñac (m)
koyun eti	[kojun eti]	carne (f) de carnero
krema	[krema]	crema (f) de mantequilla
kuş üzümü	[kuʃ yzymy]	grosella (f) negra
kuşkonmaz	[kuʃkonmaz]	espárrago (m)
kurabiye	[kurabije]	galletas (f pl)
kuru üzüm	[kuru yzym]	pasas (f pl)
kuru, kurutulmuş	[kuru], [kurutulmuʃ]	seco (adj)
kuzugöbeği mantarı	[kuzugøbei mantarı]	colmenilla (f)
likör	[likør]	licor (m)
limon	[limon]	limón (m)
limonata	[limonata]	limonada (f)
lâpa	[lapa]	gachas (f pl)
lahana	[lahana]	col (f)
langust	[langust]	langosta (f)
milkshake, sütlü içecek	[milkshake], [sytly itʃedʒek]	batido (m)
mısır	[mısır]	maíz (m)
mısır	[mısır]	maíz (m)
mısır gevreği	[mısır gevrei]	copos (m pl) de maíz
maden	[maden]	con gas
maden suyu	[maden suju]	agua (f) mineral
makarna	[makarna]	macarrones (m pl)
mandalina	[mandalina]	mandarina (f)
mango	[mango]	mango (m)
mantar	[mantar]	seta (f)
margarin	[margarin]	margarina (f)
marmelat	[marmelat]	mermelada (f)
marul	[marul]	lechuga (f)
maydanoz	[majdanoz]	perejil (m)
mayonez	[majonez]	mayonesa (f)
menü	[meny]	carta (f), menú (m)
mercimek	[merdʒimek]	lenteja (f)

mersin balığı	[mersin balıı]	esturión (m)
meyve	[mejve]	fruto (m)
meyve suyu	[mejve suju]	zumo (m), jugo (m)
meyve, yemiş	[mejve], [jemiʃ]	baya (f)
meyveler	[mejveler]	frutos (m pl)
morina balığı	[morina balıı]	bacalao (m)
muhallebi, puding	[muhallebi], [puding]	pudin (m)
mutfak	[mutfak]	cocina (f)
muz	[muz]	banana (f)
nar	[nar]	granada (f)
omlet	[omlet]	tortilla (f) francesa
pirinç	[pirintʃ]	arroz (m)
pisi balığı	[pisi balıı]	fletán (m)
pizza	[pizza]	pizza (f)
pancar	[pandʒar]	remolacha (f)
papaya	[papaja]	papaya (f)
parça	[partʃa]	pedazo (m)
patates	[patates]	patata (f)
patates püresi	[patates pyresi]	puré (m) de patatas
patlıcan	[patlıdʒan]	berenjena (f)
peynir	[pejnir]	queso (m)
porsiyon	[porsijon]	porción (f)
portakal	[portakal]	naranja (f)
portakal suyu	[portakal suju]	zumo (m) de naranja
proteinler	[proteinler]	proteínas (f pl)
ringa	[ringa]	arenque (m)
reçel	[retʃel]	confitura (f)
reçel	[retʃel]	confitura (f)
rejim, diyet	[reʒim], [dijet]	dieta (f)
rom	[rom]	ron (m)
Russula mantarı	[russula mantarı]	rúsula (f)
sinek mantarı	[sinek mantarı]	matamoscas (m)
sirke	[sirke]	vinagre (m)
siyah çay	[sijah tʃaj]	té (m) negro
siyah bira	[sijah bira]	cerveza (f) negra
süt	[syt]	leche (f)
süt kaymağı	[syt kajmaı]	nata (f) líquida
sütlü kahve	[sytly kahve]	café (m) con leche
sığır eti	[sıır eti]	carne (f) de vaca
sıcak	[sıdʒak]	caliente (adj)
sade kahve	[sade kahve]	café (m) solo
safran	[safran]	azafrán (m)
sahanda yumurta	[sahanda jumurta]	huevos (m pl) fritos
sakız kabağı	[sakız kabaı]	calabacín (m)
sakız, çiklet	[sakız], [tʃiklet]	chicle (m)
salça, sos	[saltʃa], [sos]	salsa (f)
salata	[salata]	ensalada (f)
salatalık	[salatalık]	pepino (m)
sandviç	[sandvitʃ]	bocadillo (m)
sarımsak	[sarımsak]	ajo (m)
sardalye	[sardalje]	sardina (f)
sazan	[sazan]	carpa (f)

sebze	[sebze]	legumbres (f pl)
soğan	[soan]	cebolla (f)
soğuk	[souk]	frío (adj)
soğuk meşrubat	[souk meʃrubat]	refresco (m)
somon balığı	[somon balıı]	salmón (m)
sosis	[sosis]	salchicha (f)
soya	[soja]	soya (f)
spagetti	[spagetti]	espagueti (m)
su	[su]	agua (f)
sucuk, sosis	[sudʒuk], [sosis]	salchichón (m)
susam	[susam]	sésamo (m)
tirbuşon	[tirbyʃon]	sacacorchos (m)
tütsülenmiş jambon	[tytsylenmiʃ ʒambon]	jamón (m) fresco
tütsülenmiş, füme	[tytsylenmiʃ], [fyme]	ahumado (adj)
tabak	[tabak]	plato (m)
tahıl, tane	[tahıl], [tane]	grano (m)
tahıllar	[tahıllar]	cereales (m pl)
tarçın	[tartʃin]	canela (f)
tat	[tat]	sabor (m)
tatlı	[tatlı]	azucarado, dulce (adj)
tatlı	[tatlı]	postre (m)
tatlı su levreği	[tatlı su levrei]	perca (f)
tatlı, lezzetli	[tatlı], [lezzetlı]	sabroso (adj)
tavşan eti	[tavʃan eti]	conejo (m)
tavuk eti	[tavuk eti]	gallina (f)
taze meyve suyu	[taze mejve suju]	zumo (m) fresco
tek kişilik pasta	[tek kiʃilik pasta]	mini tarta (f)
tereyağı	[terejaı]	mantequilla (f)
ton balığı	[ton balıı]	atún (m)
turşu	[turʃu]	marinado (adj)
turna balığı	[turna balıı]	lucio (m)
turp	[turp]	rábano (m)
turta	[turta]	tarta (f)
tuz	[tuz]	sal (f)
tuzlu	[tuzlu]	salado (adj)
un	[un]	harina (f)
uskumru	[uskumru]	caballa (f)
uzun levrek	[uzun levrek]	lucioperca (f)
vişne	[viʃne]	guinda (f)
viski	[viski]	whisky (m)
vitamin	[vitamin]	vitamina (f)
vejetaryen	[veʒetarien]	vegetariano (adj)
vejetaryen kimse	[veʒetarien kimse]	vegetariano (m)
vermut	[vermut]	vermú (m)
votka	[votka]	vodka (m)
yılan balığı	[jılan balıı]	anguila (f)
yağlar	[jaalar]	grasas (f pl)
yaban mersini	[jaban mersini]	arándano (m)
yabani çilek	[jabani tʃilek]	fresa (f) silvestre
yassı balık	[jassı balık]	lenguado (m)
yayın balığı	[jajın balıı]	siluro (m)
yeşil çay	[jeʃil tʃaj]	té (m) verde

yeşillik	[jeʃilik]	verduras (f pl)
yemişler	[jemiʃler]	bayas (f pl)
yemek	[jemek]	plato (m)
yemek	[jemek]	comida (f)
yemek kaşığı	[jemek kaʃıı]	cuchara (f) de sopa
yemek tarifi	[jemek tarifı]	receta (f)
yenen mantar	[jenen mantar]	seta (f) comestible
yengeç	[jengetʃ]	cangrejo (m) de mar
yerfıstığı	[jerfıstıı]	cacahuete (m)
yoğunlaştırılmış süt	[jounlaʃtırılmıʃ syt]	leche (f) condensada
yoğurt	[jourt]	yogur (m)
yulaf	[julaf]	avena (f)
yumurta	[jumurta]	huevo (m)
yumurta akı	[jumurta akı]	clara (f)
yumurta sarısı	[jumurta sarısı]	yema (f)
yumurtalar	[jumurtalar]	huevos (m pl)
zehirli mantar	[zehirli mantar]	seta (f) venenosa
zencefil	[zendʒefil]	jengibre (m)
zeytin	[zejtin]	olivas, aceitunas (f pl)
zeytinyağı	[zejtinjaaı]	aceite (m) de oliva